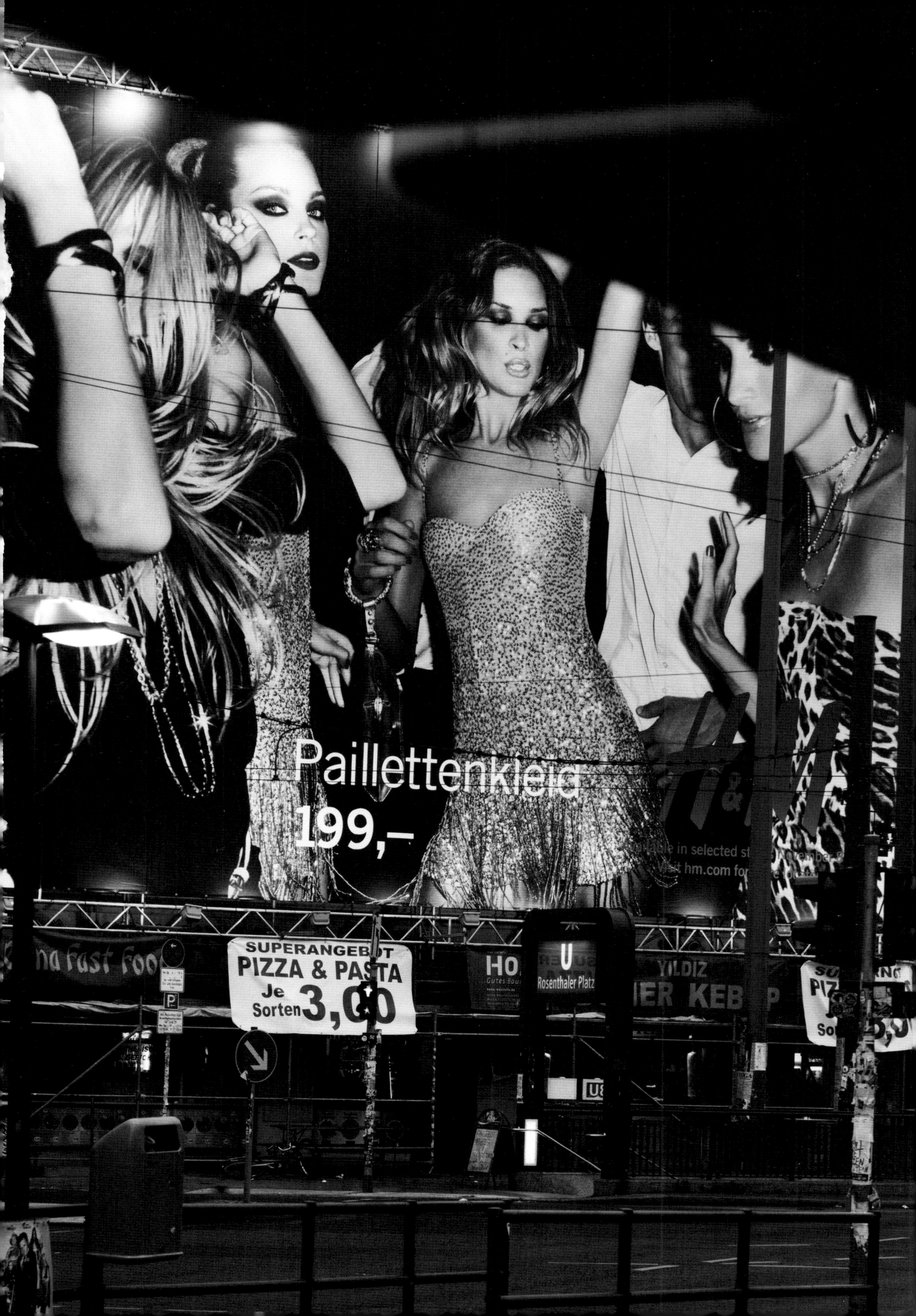
Paillettenkleid
199,–
SUPERANGEBOT
PIZZA & PASTA
Je
Sorten 3,00
U
Rosenthaler Platz
YILDIZ

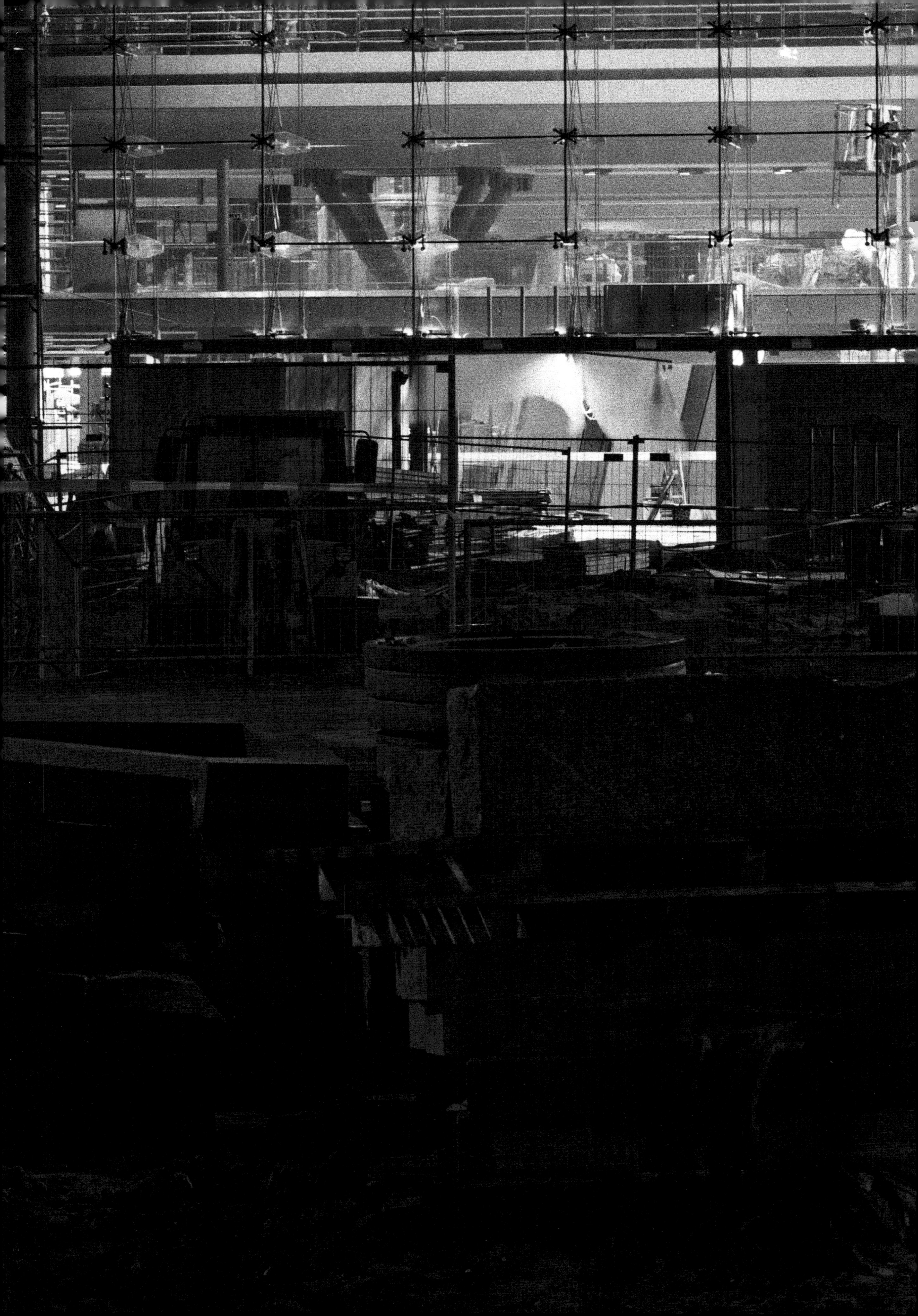

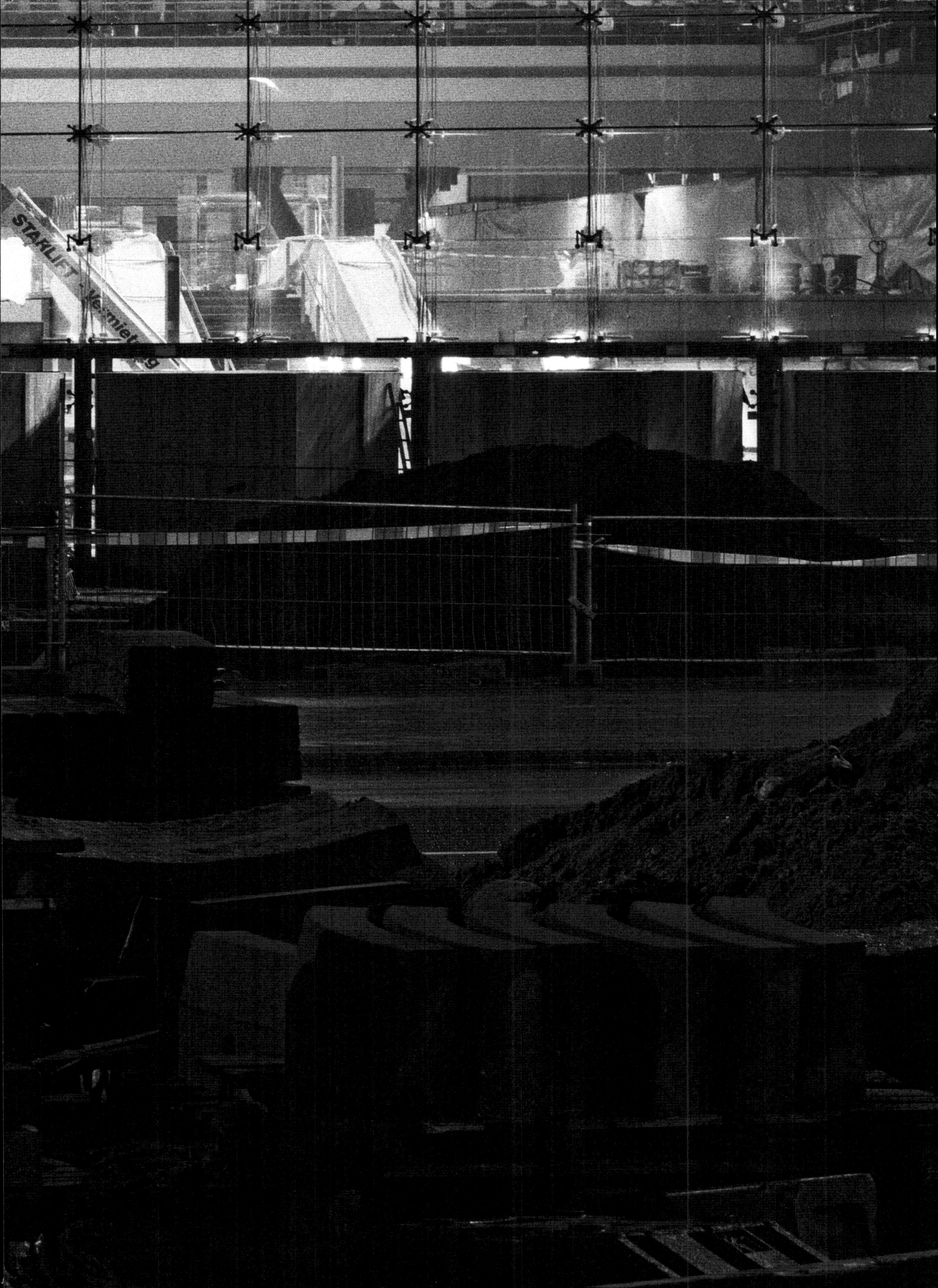
STARLIFT

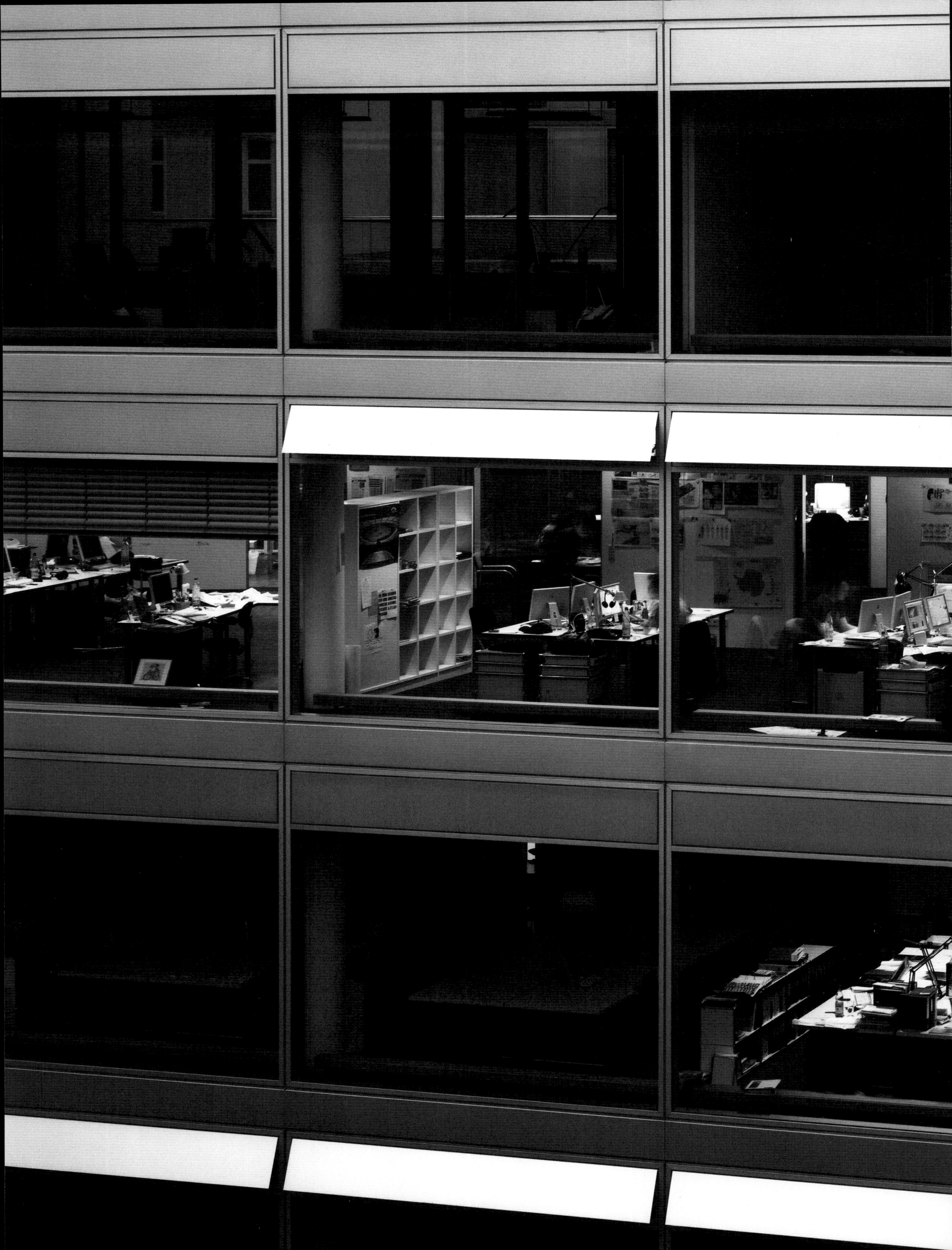

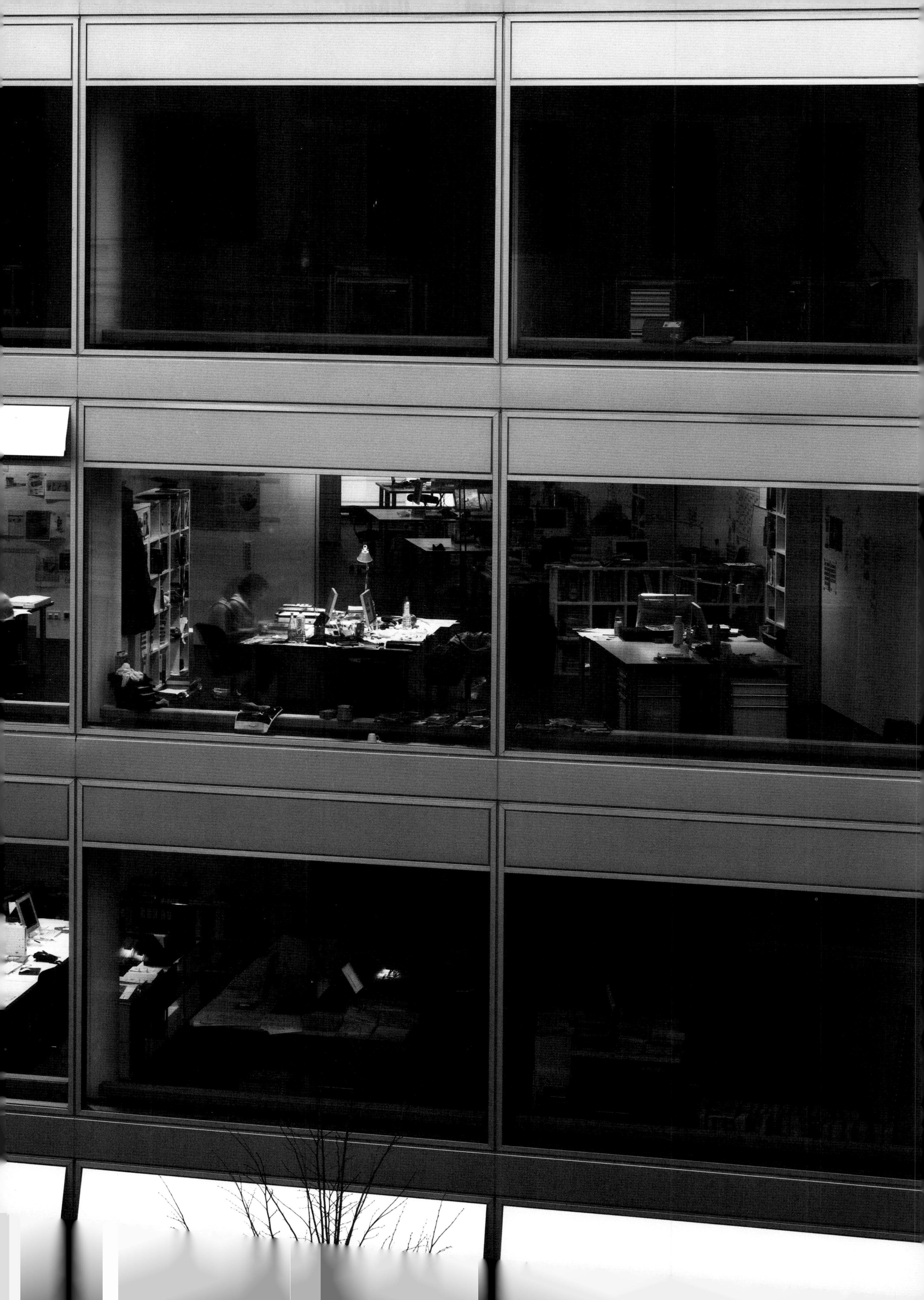

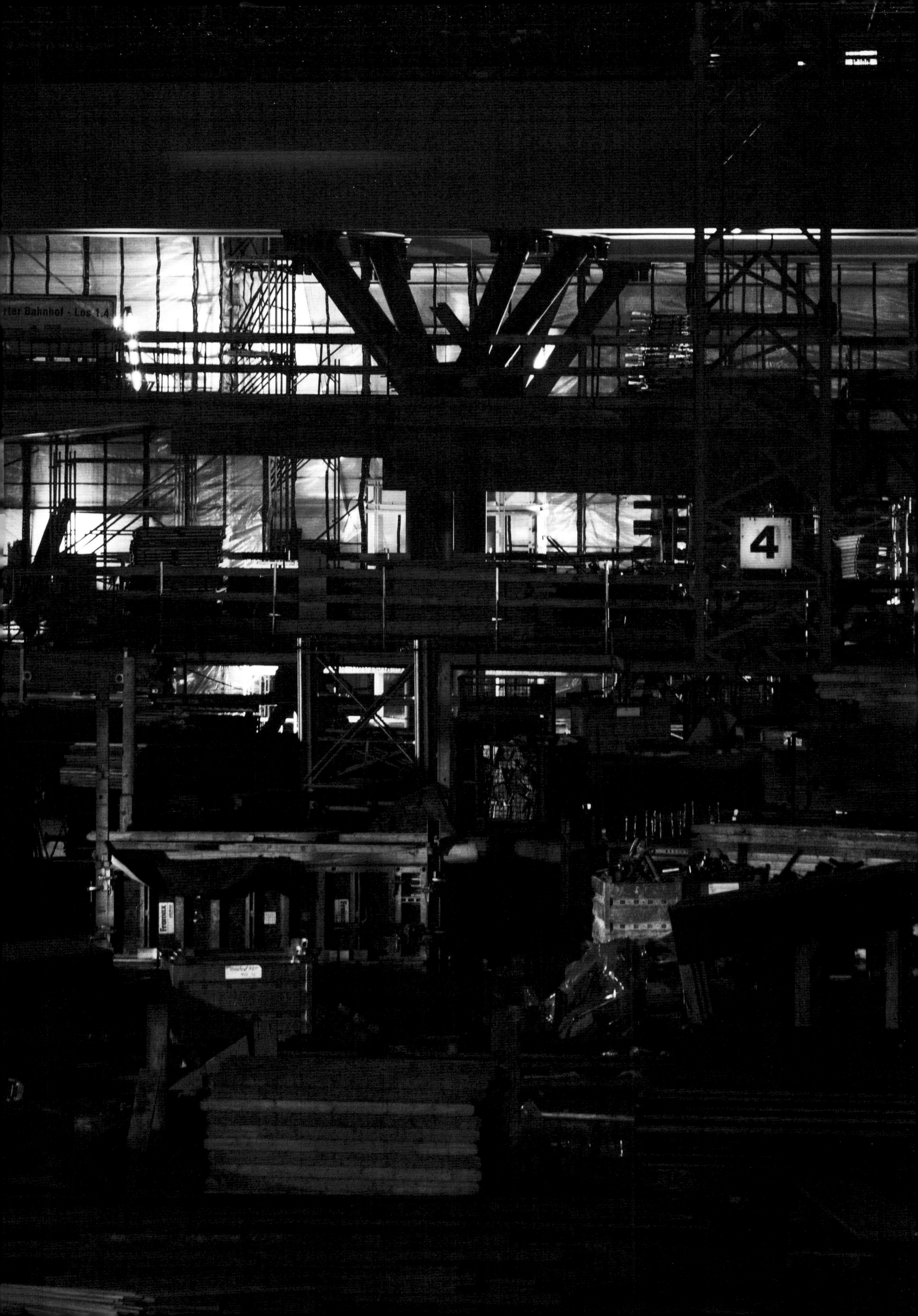
rter Bahnhof - Los 1.4
4

EDITION AXEL MENGES

STEFAN KOPPELKAMM SCREENING

TEXT: ROLAND SCHIMMELPFENNIG

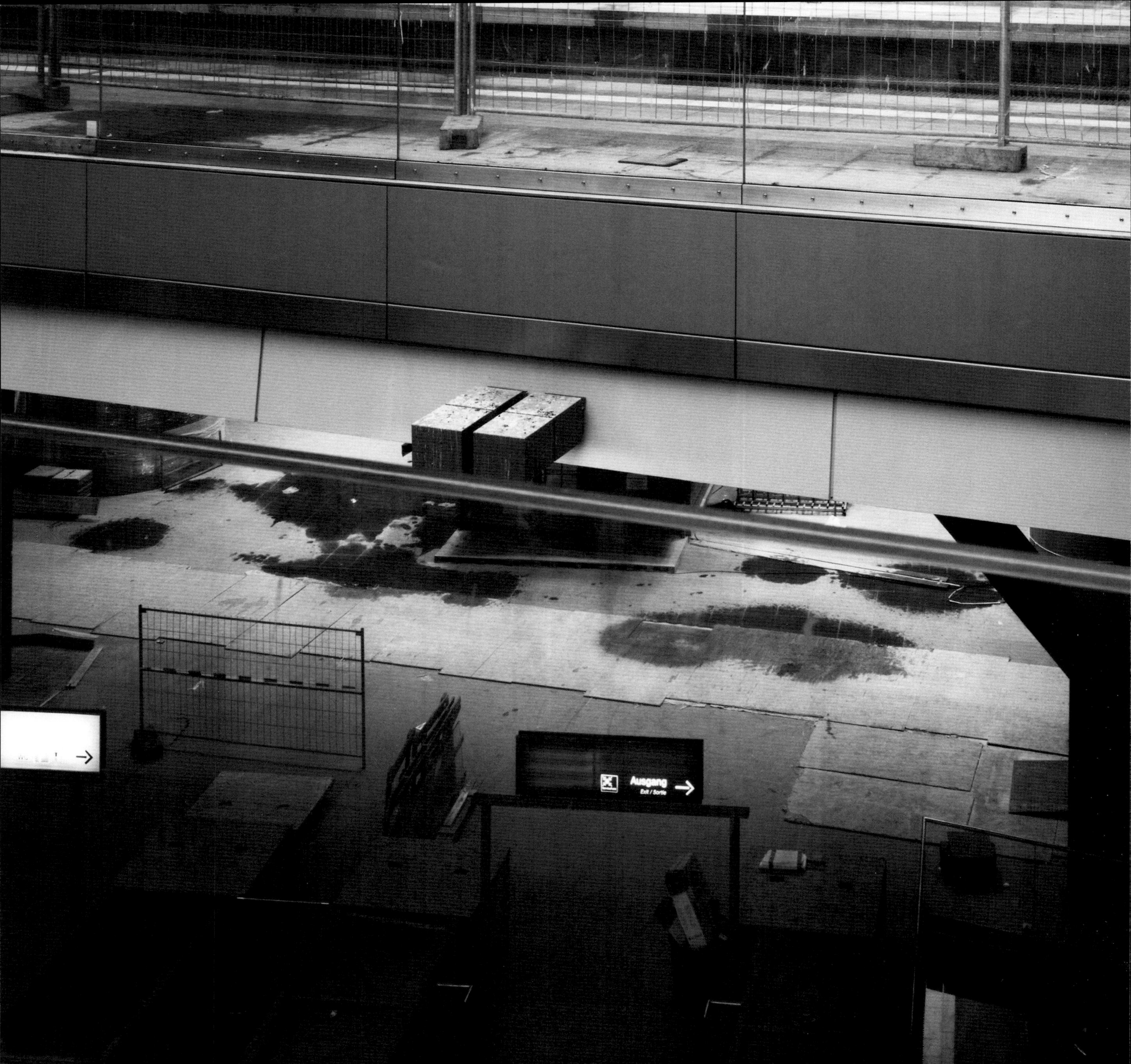
Ausgang
Exit / Sortie

WORKS

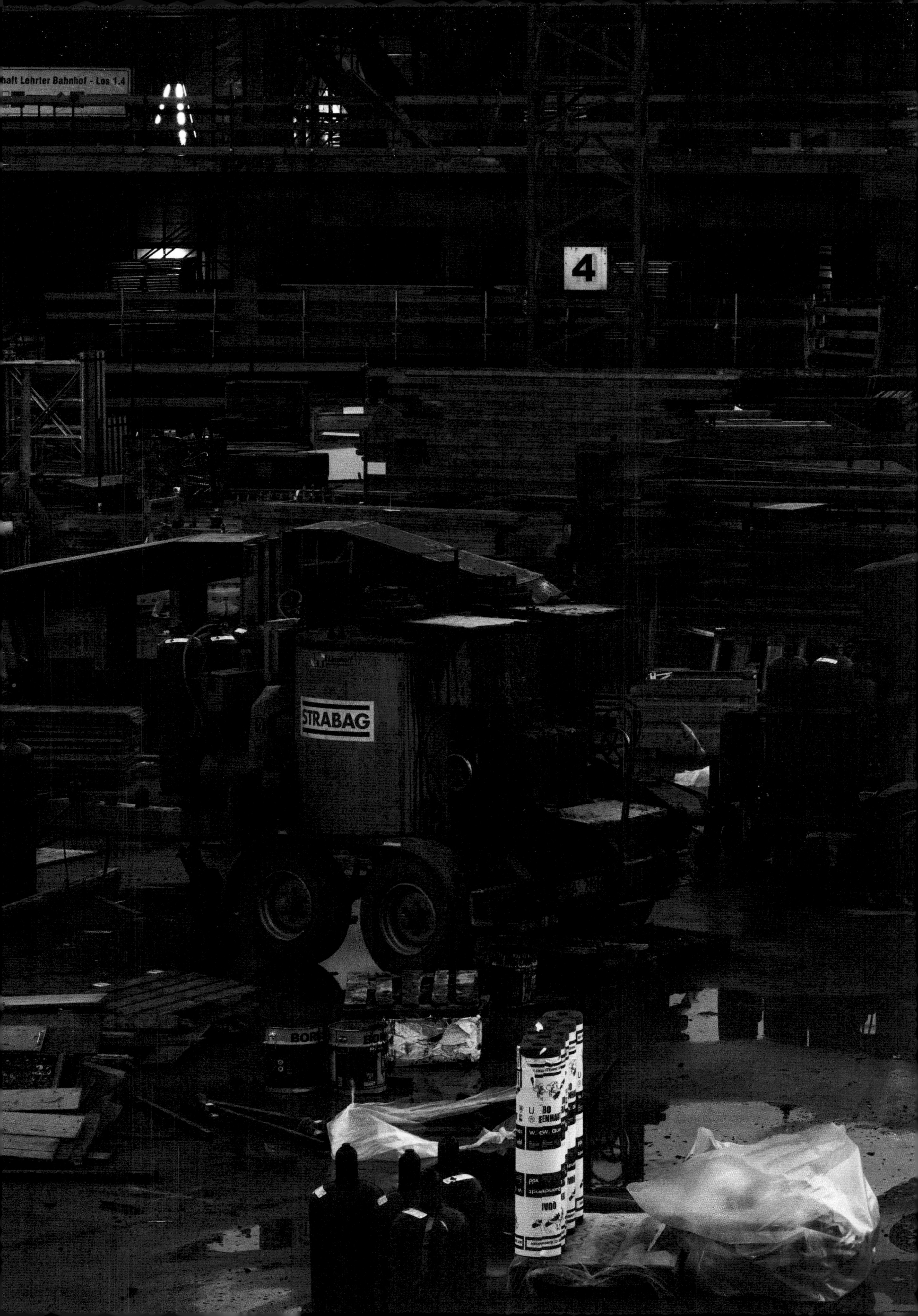
haft Lehrter Bahnhof - Los 1.4
4
STRABAG

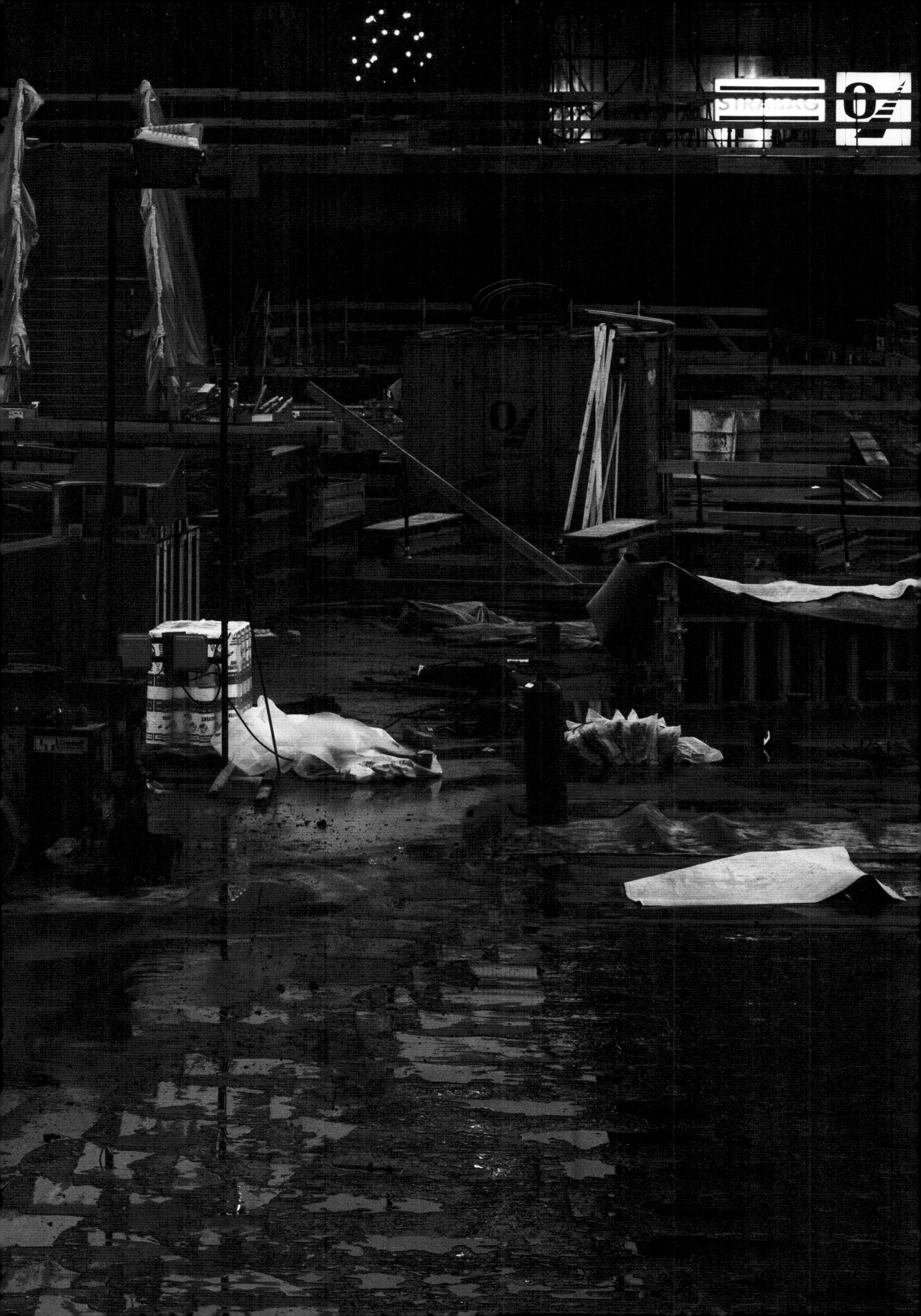

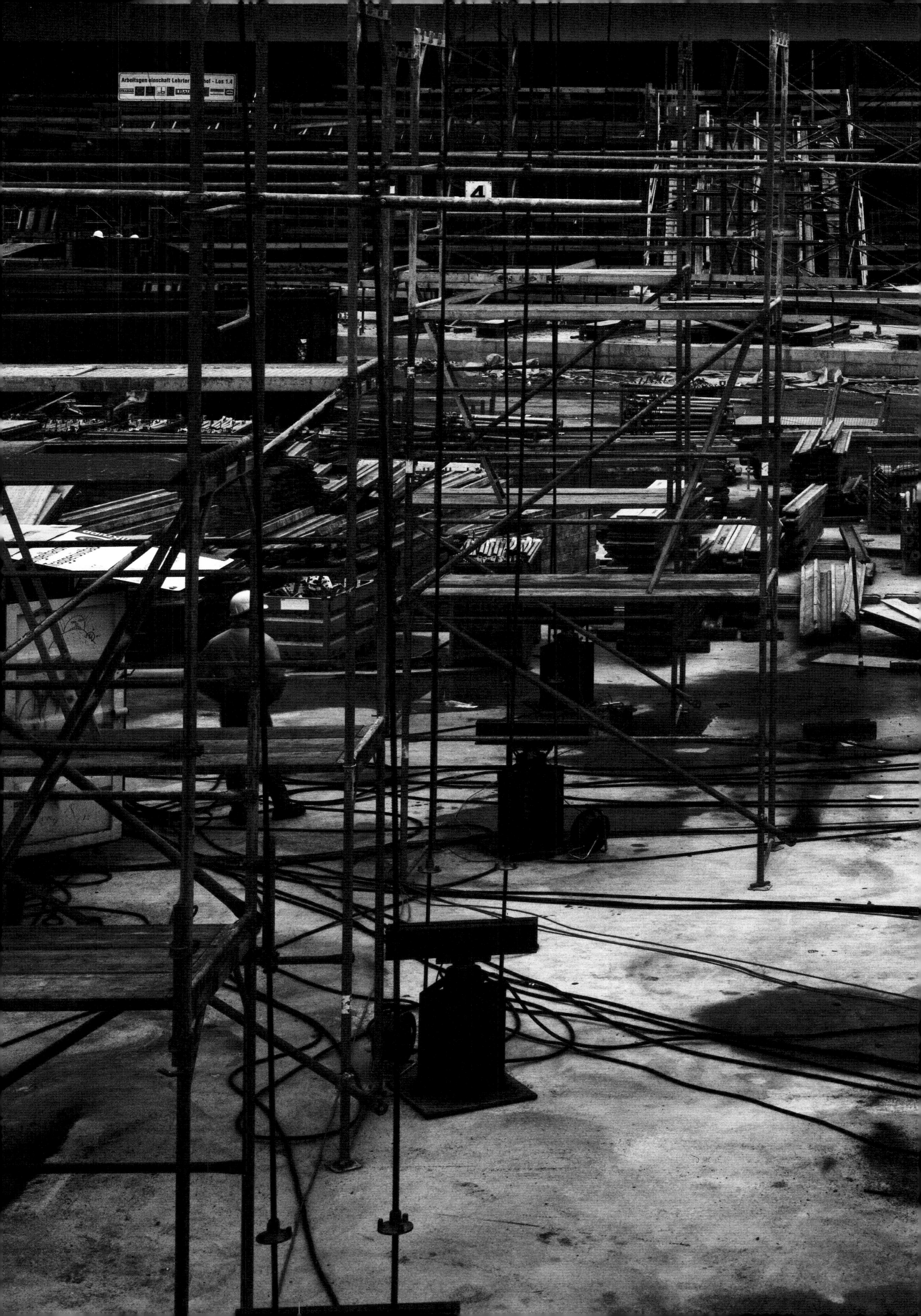

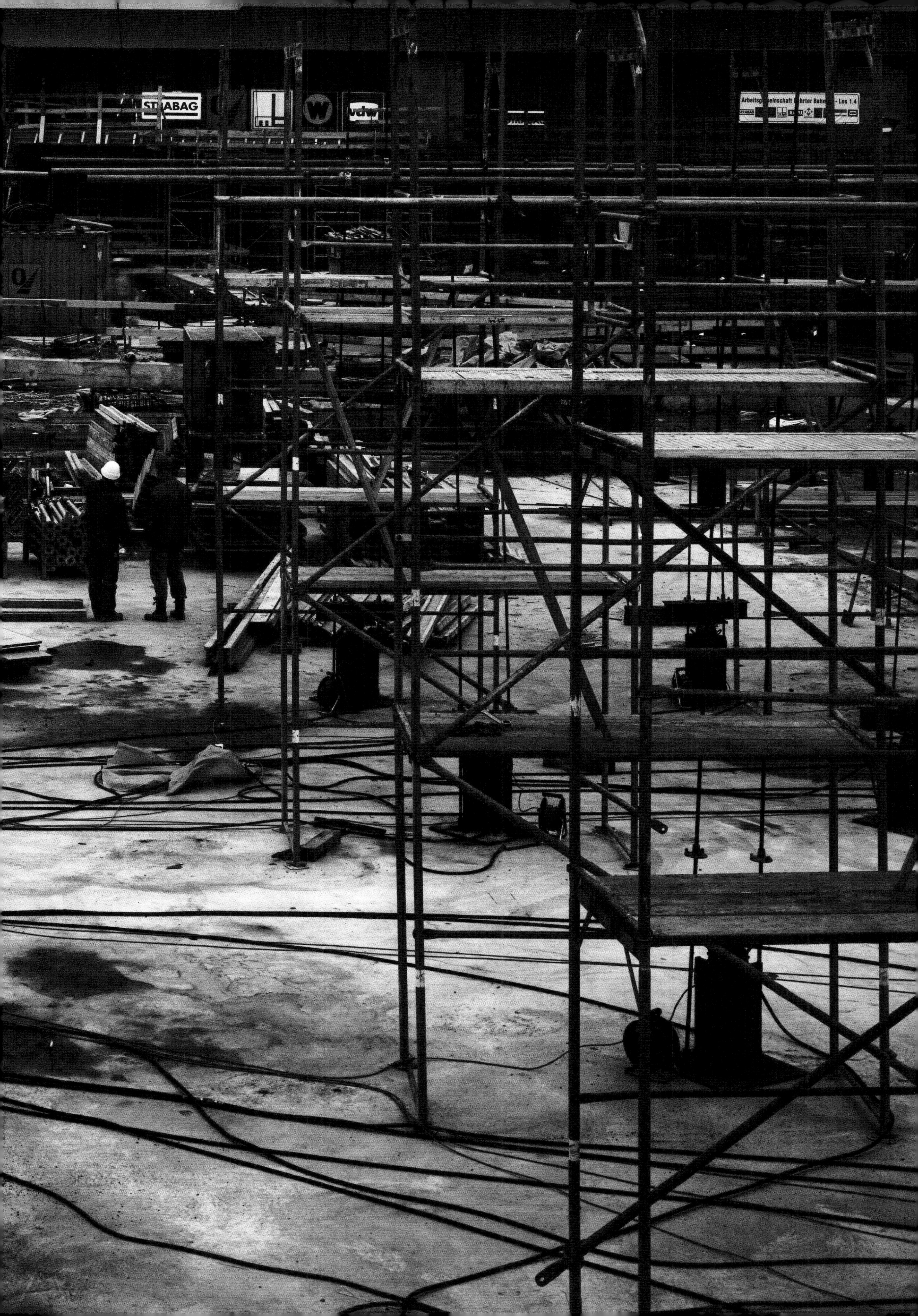
STRABAG
vdw
- Los 1.4

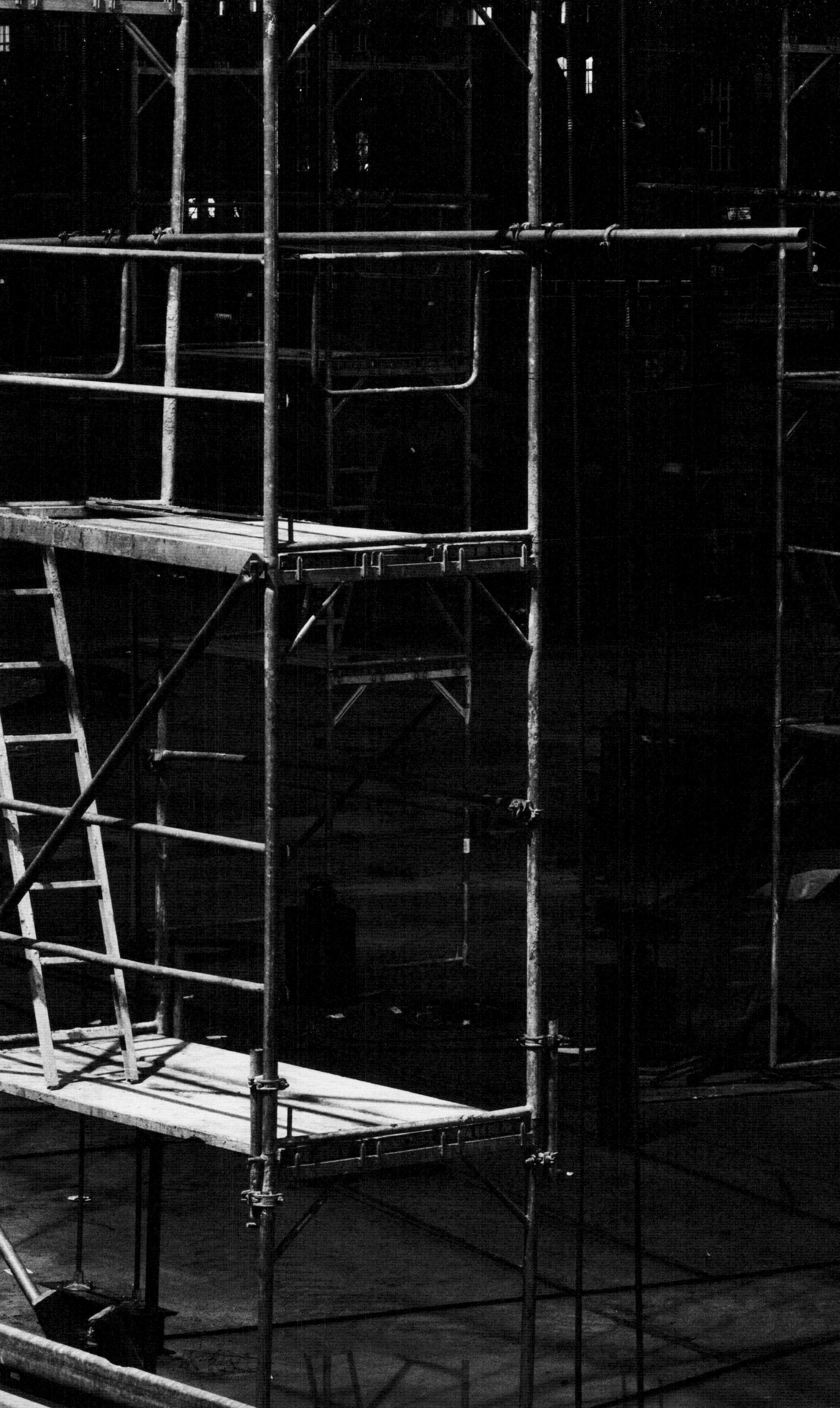

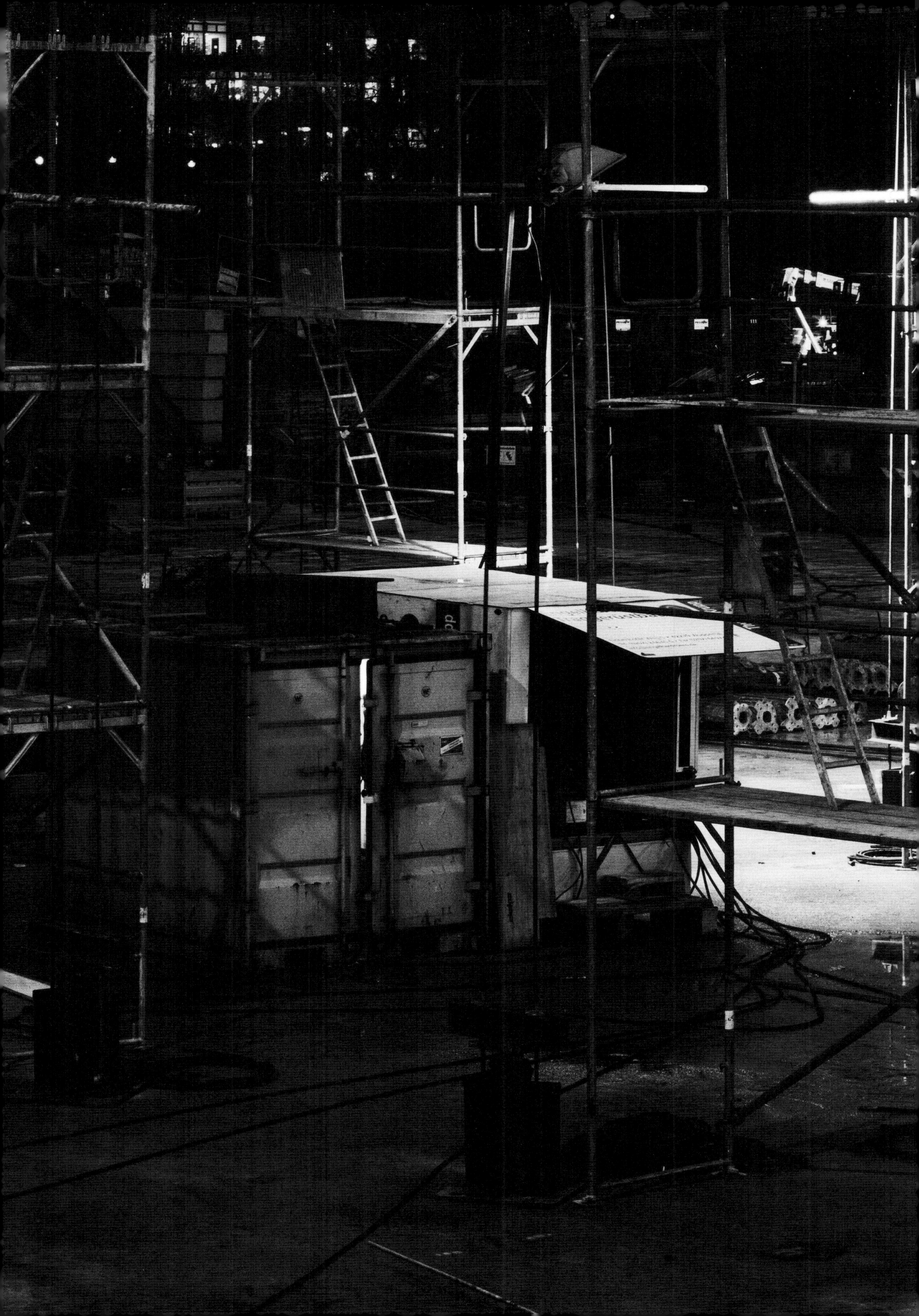

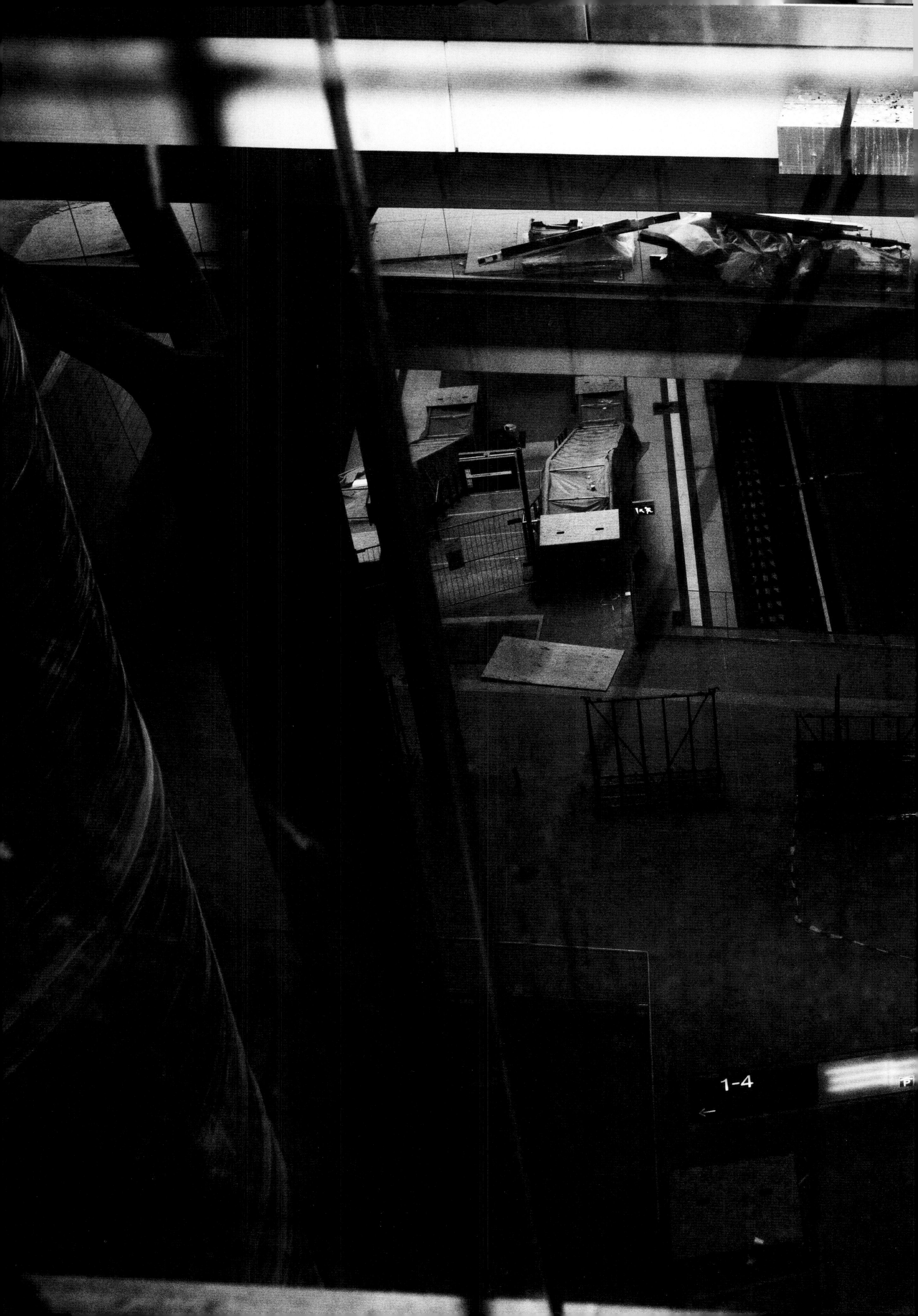
1-4

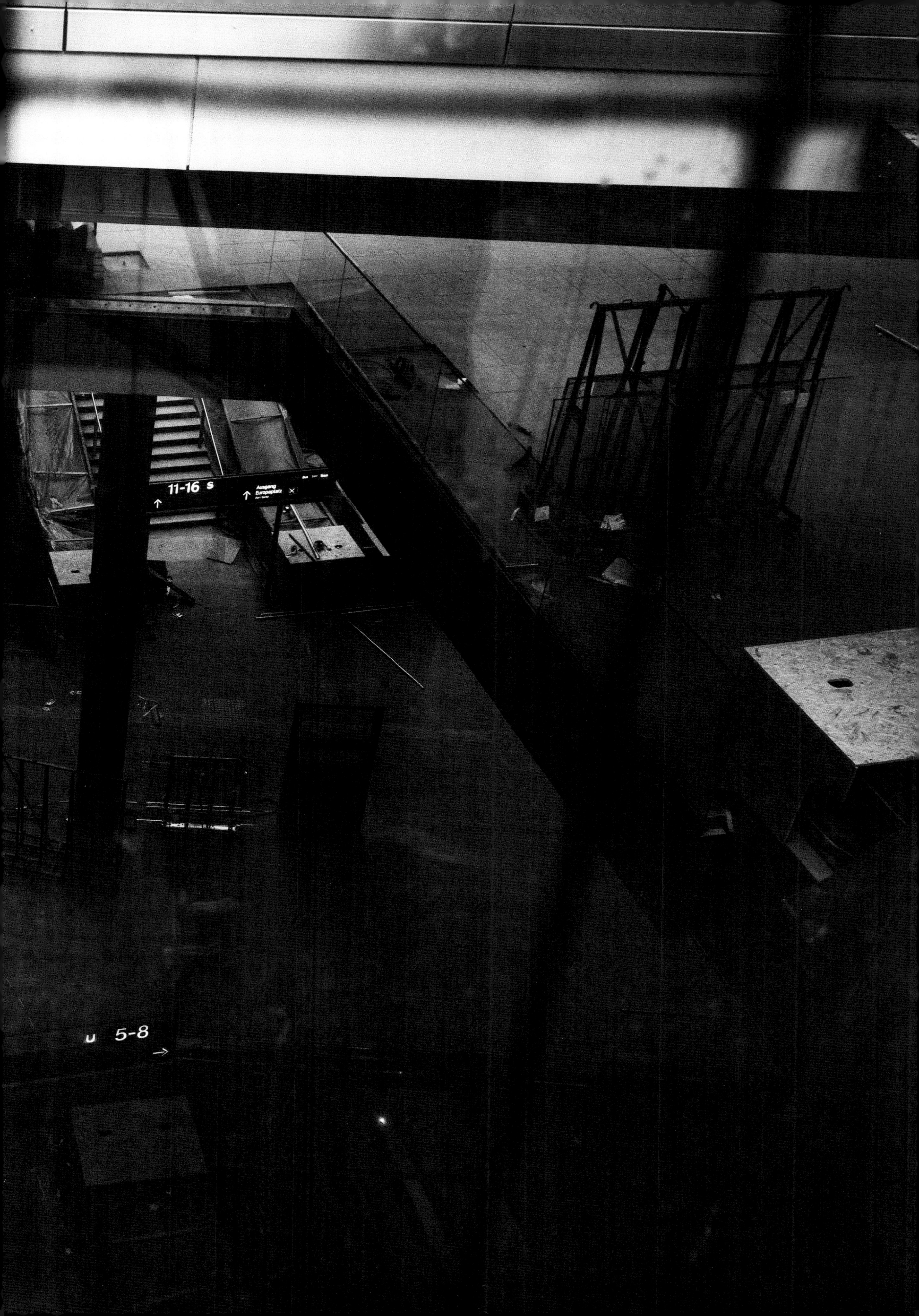
11-16 S
Ausgang
Europaplatz
U 5-8

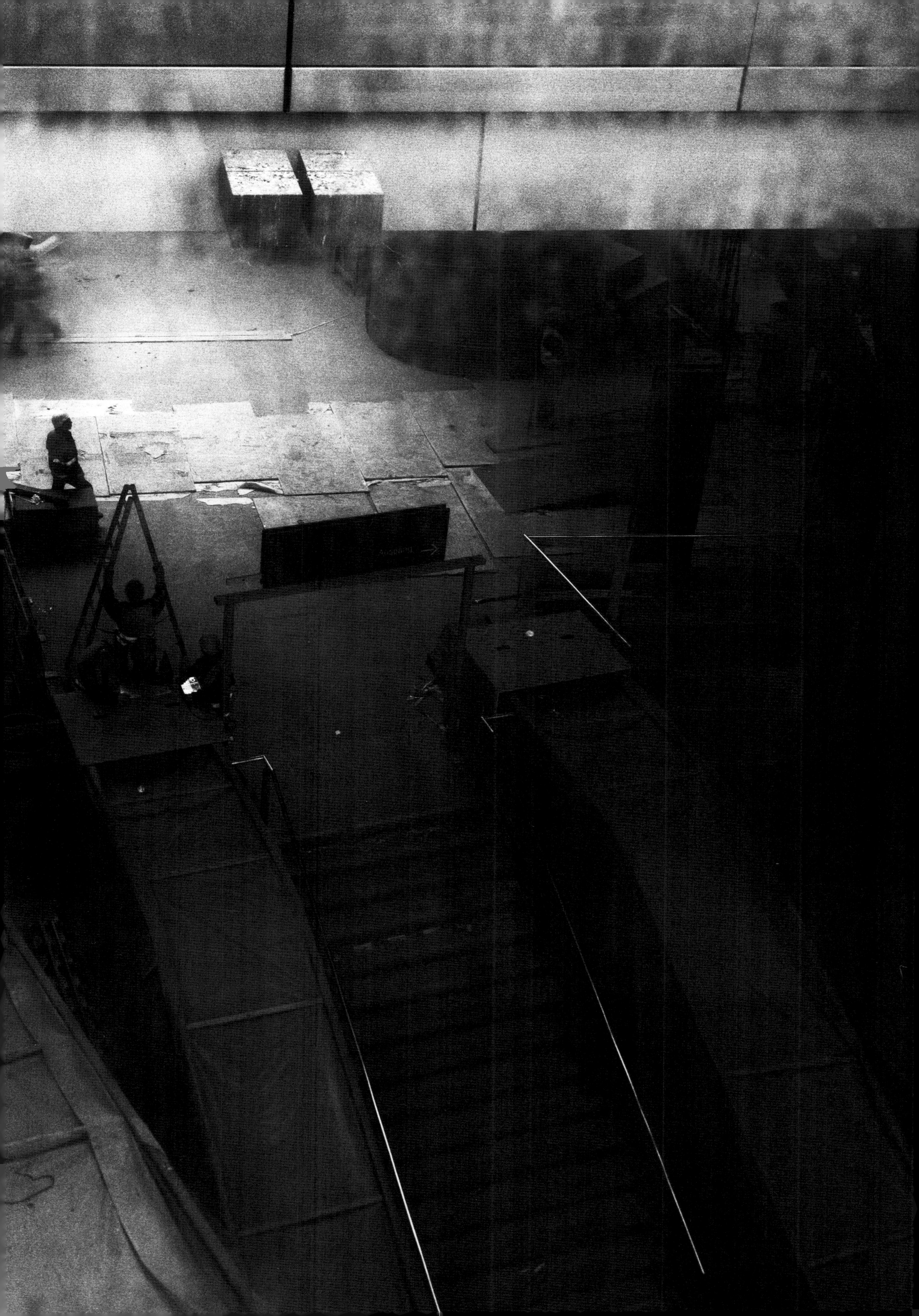

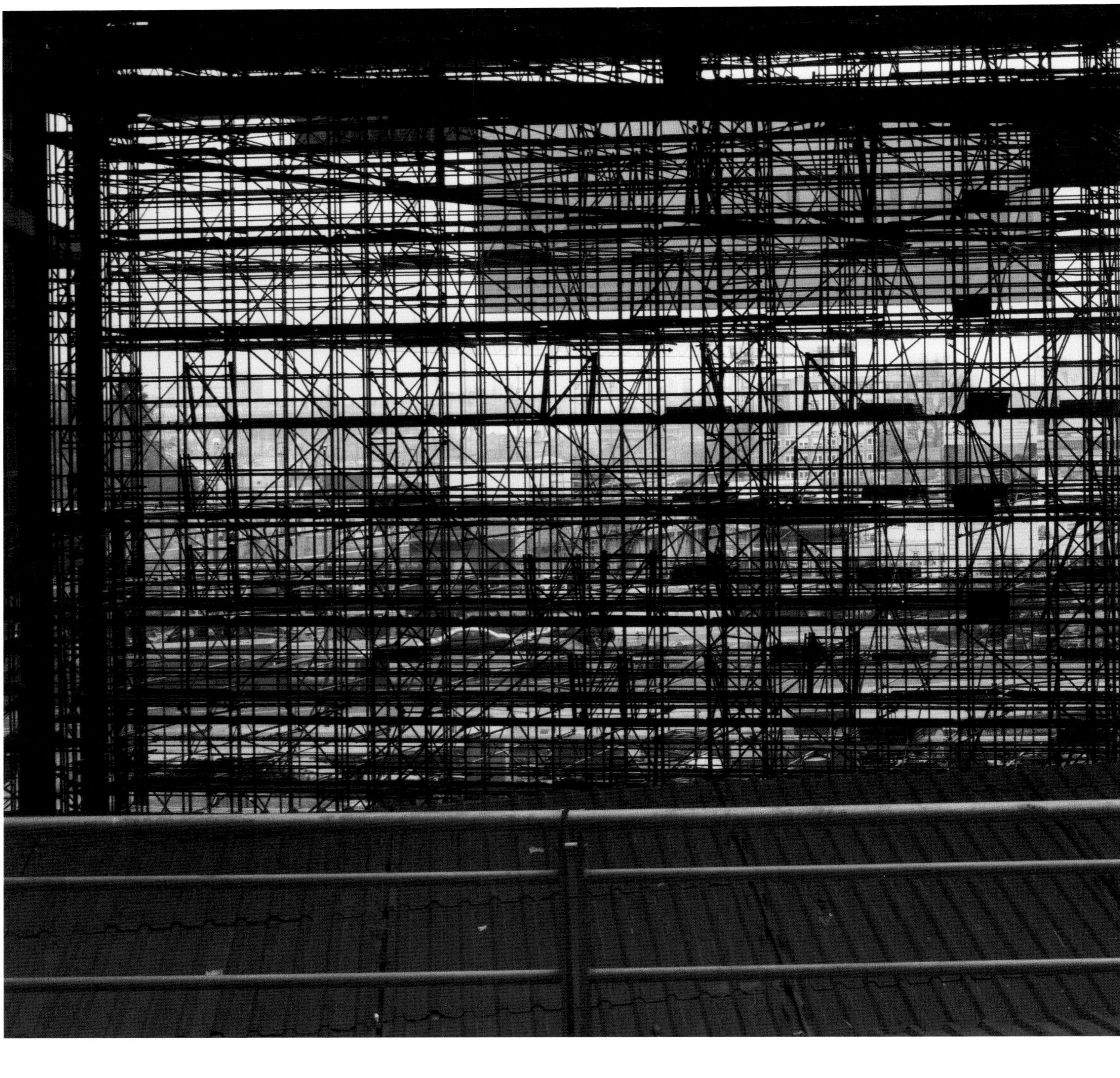

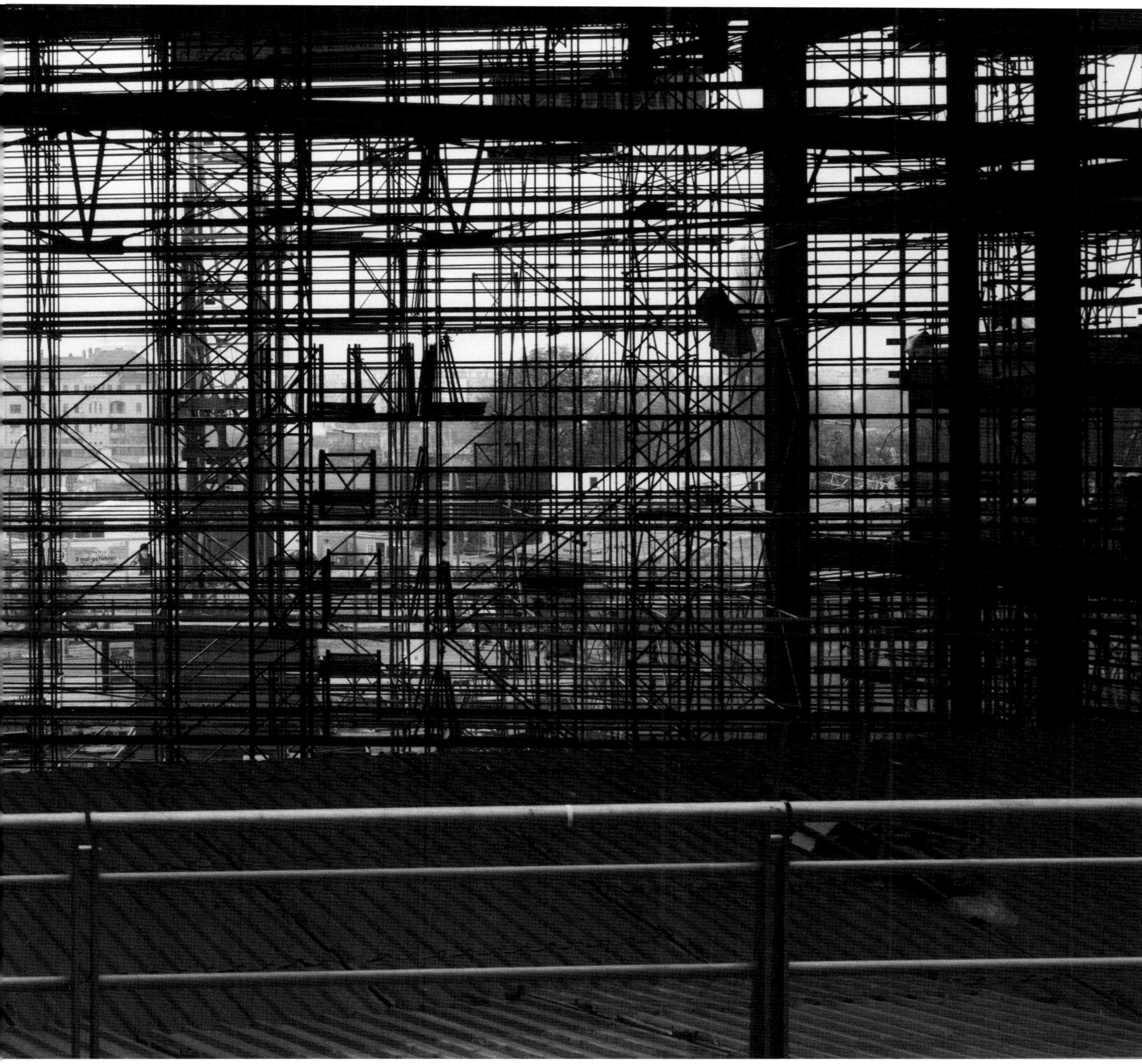

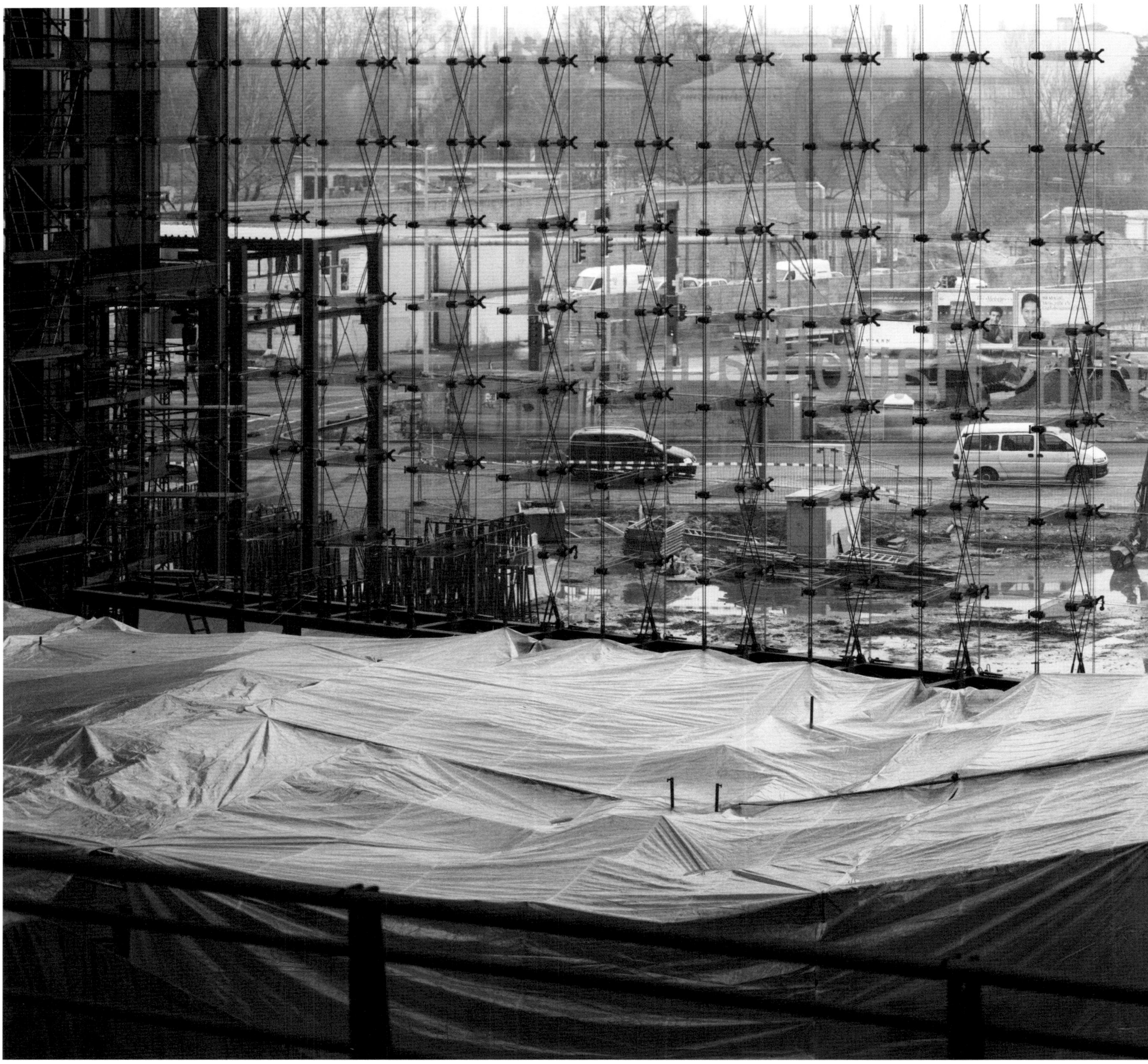

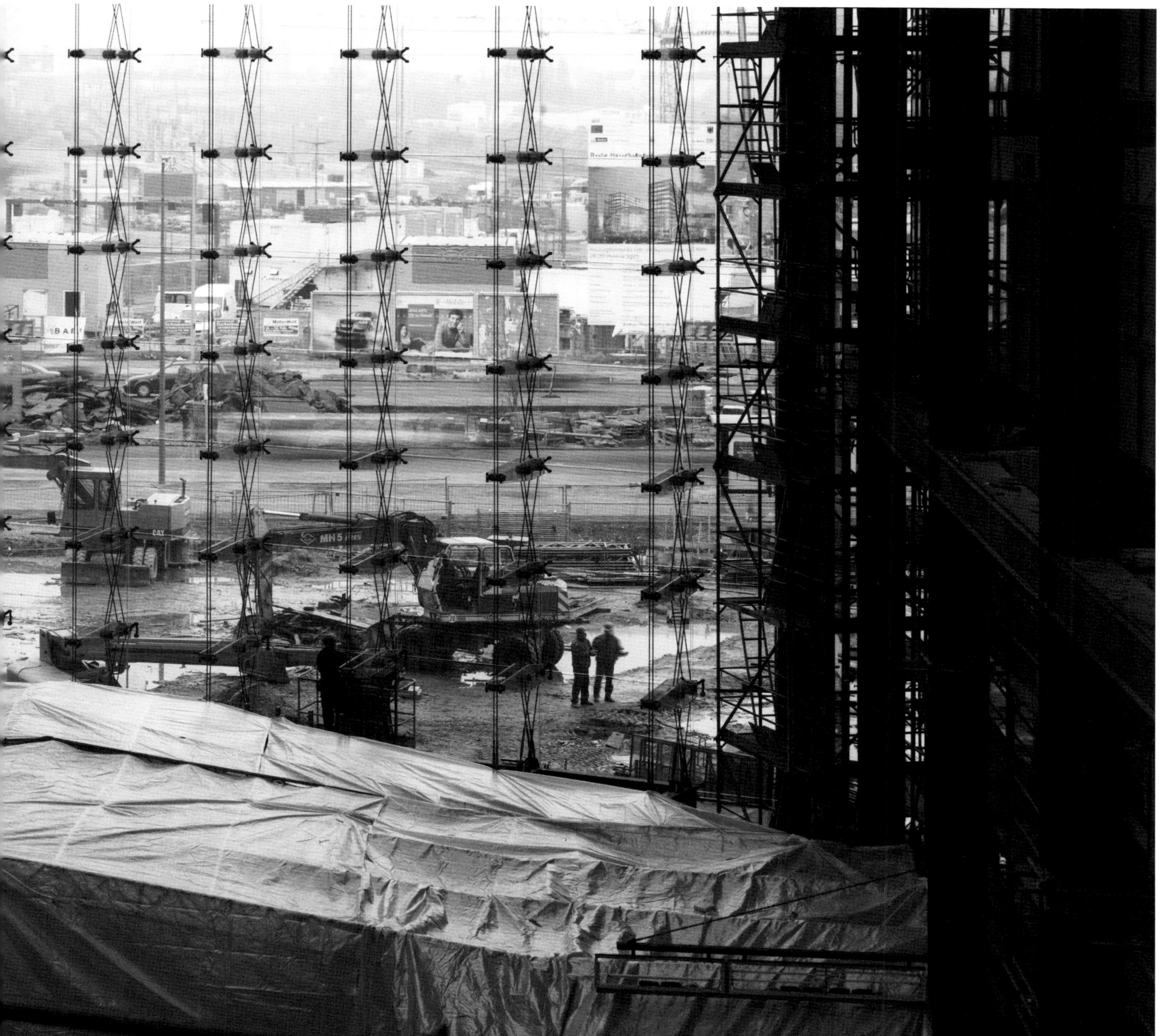

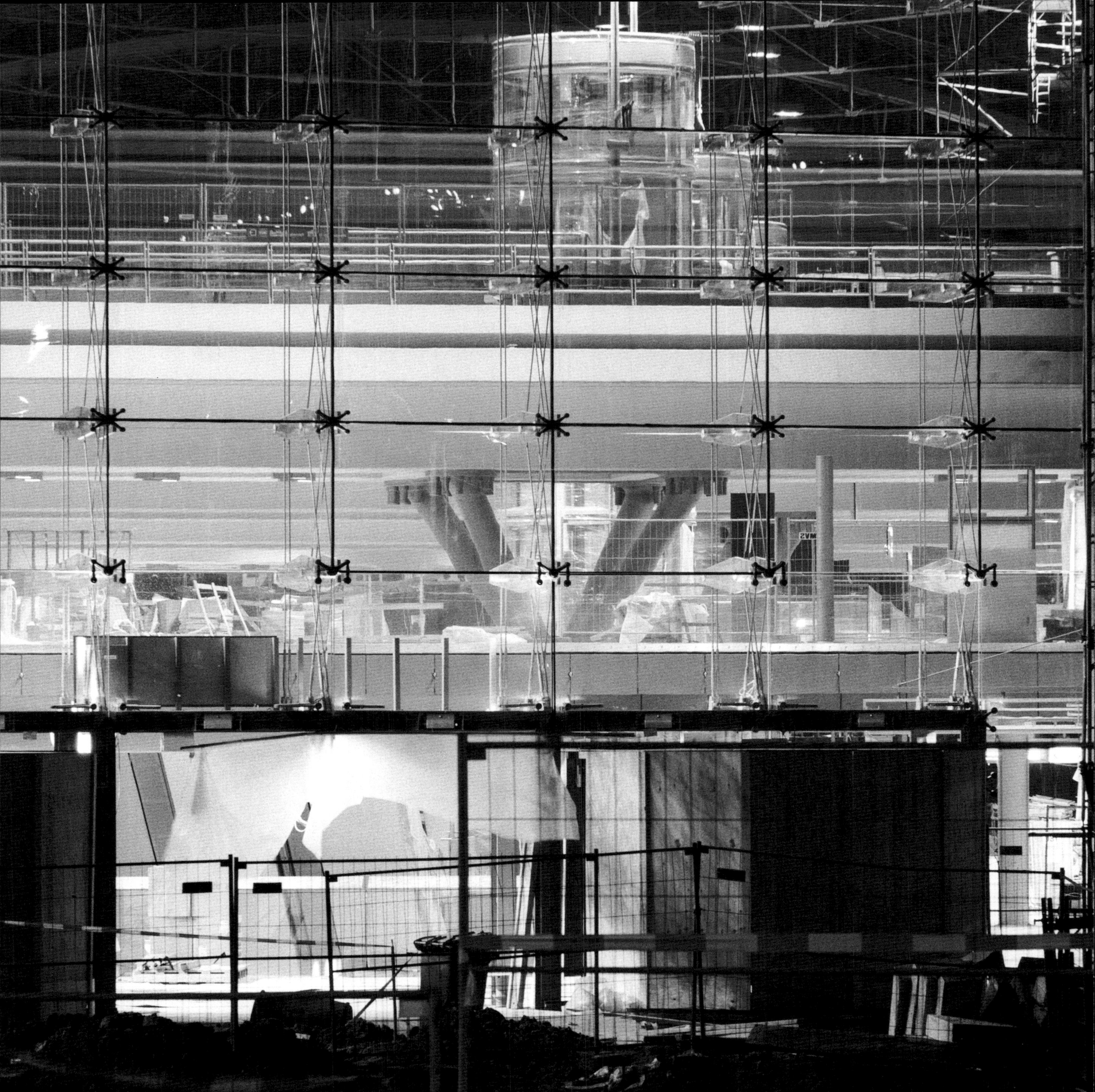

SCREENS

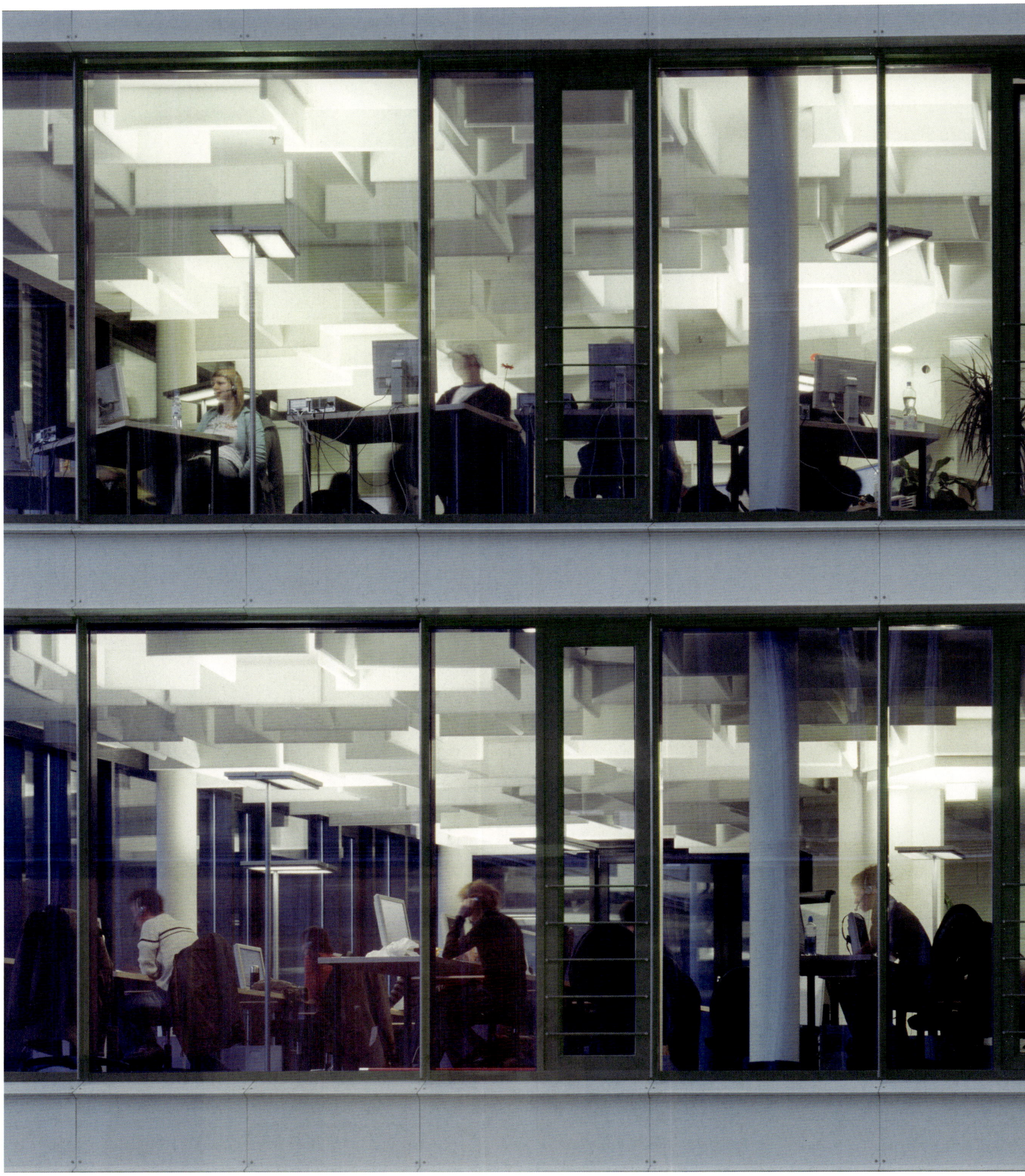

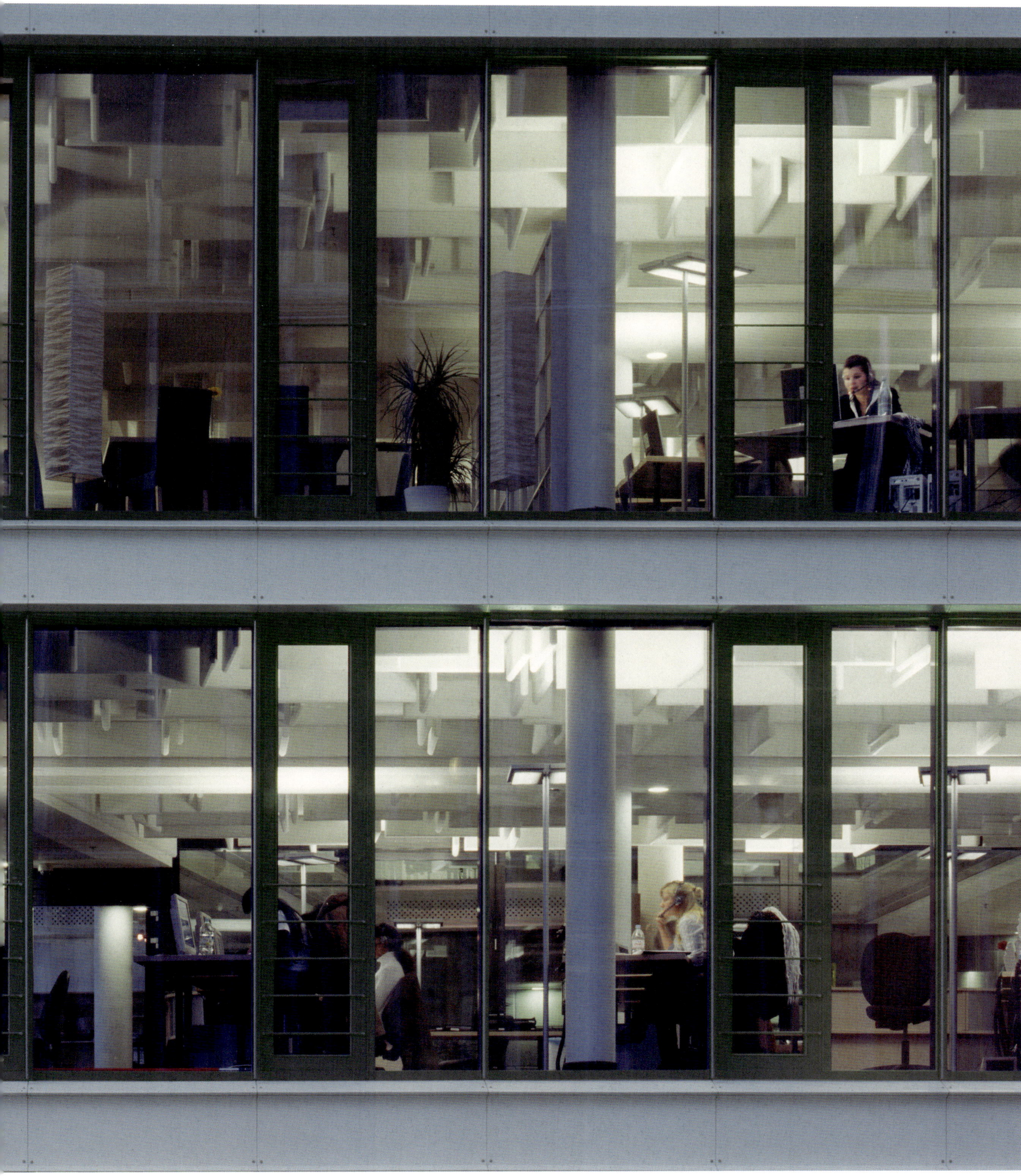

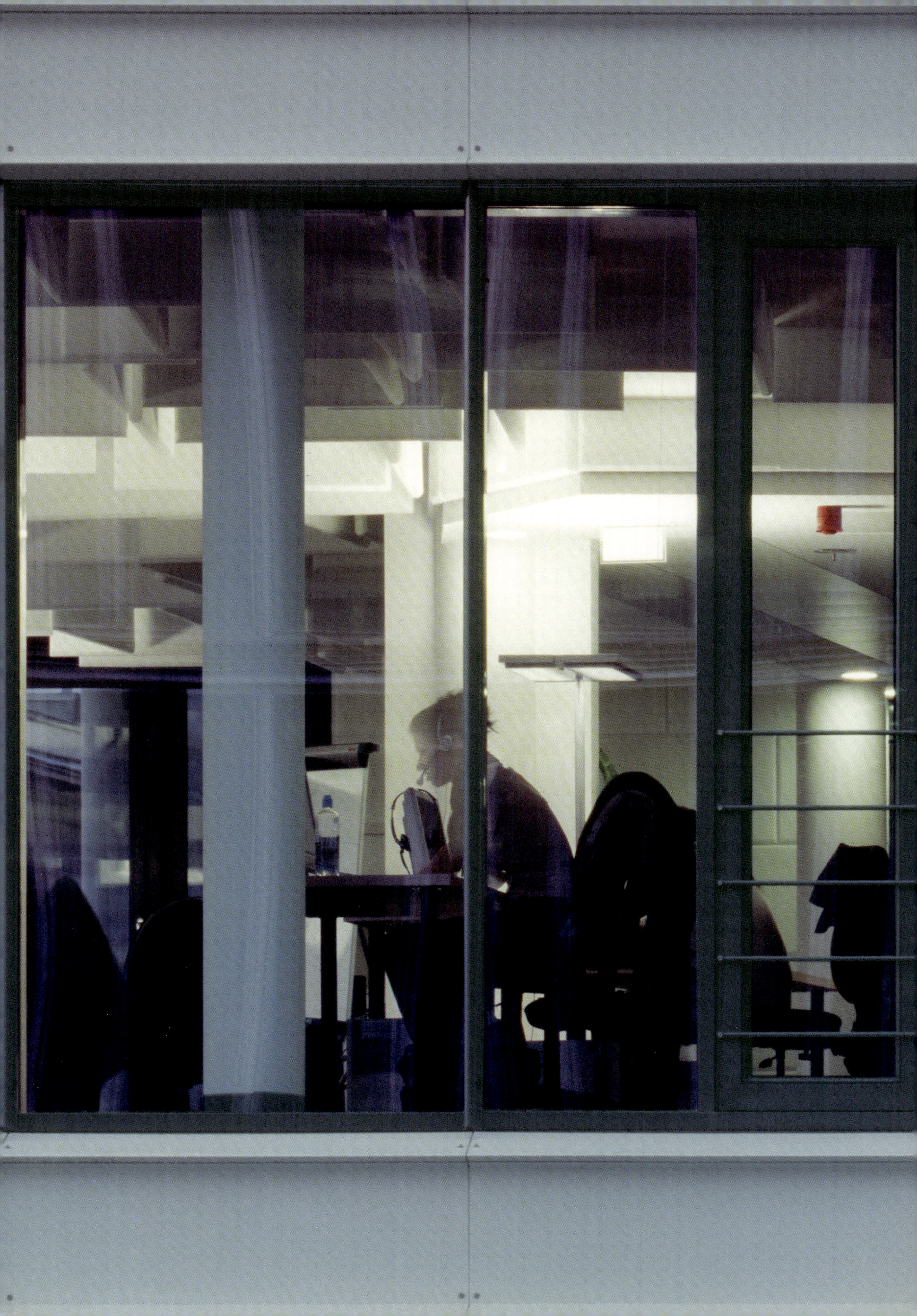

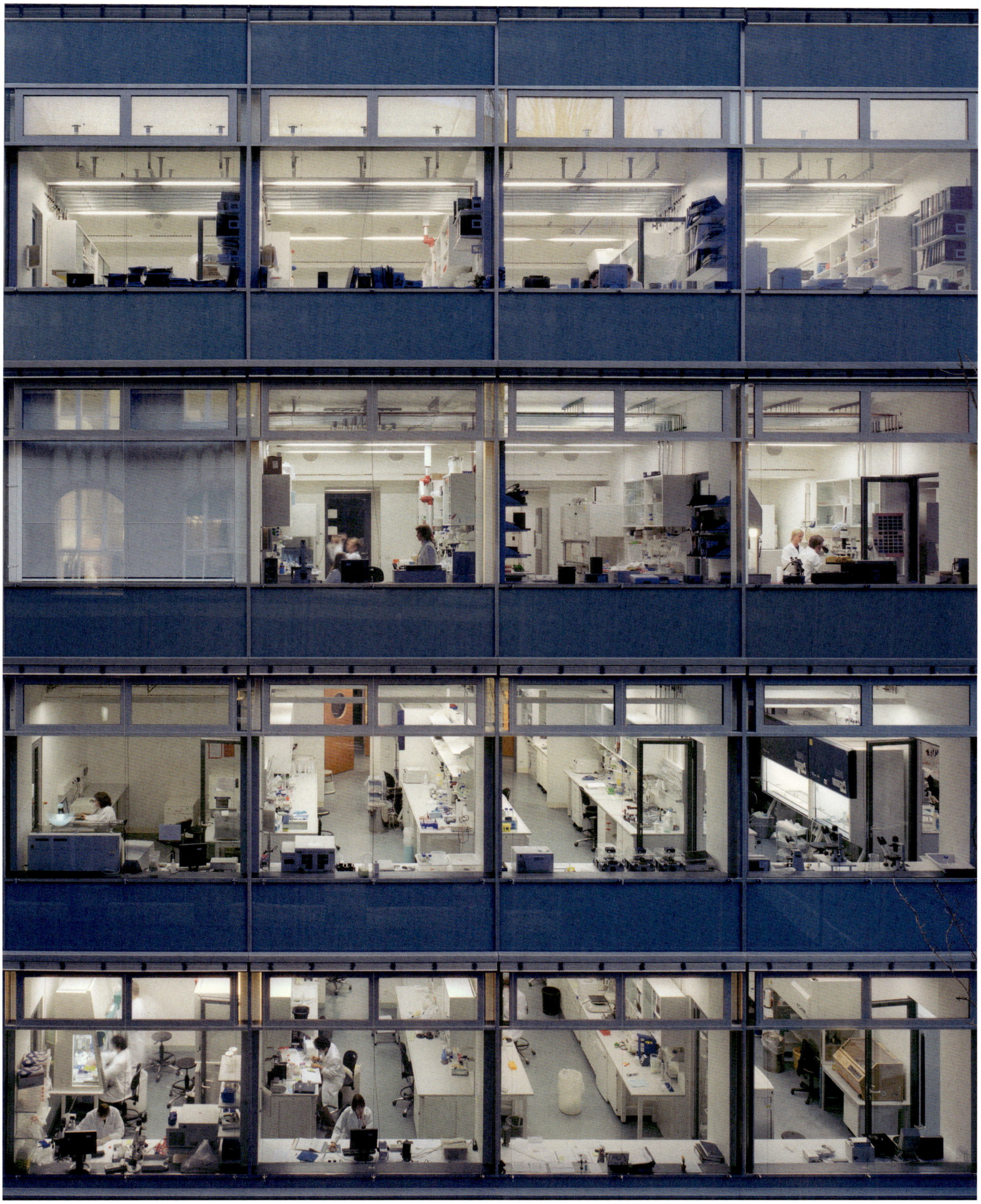

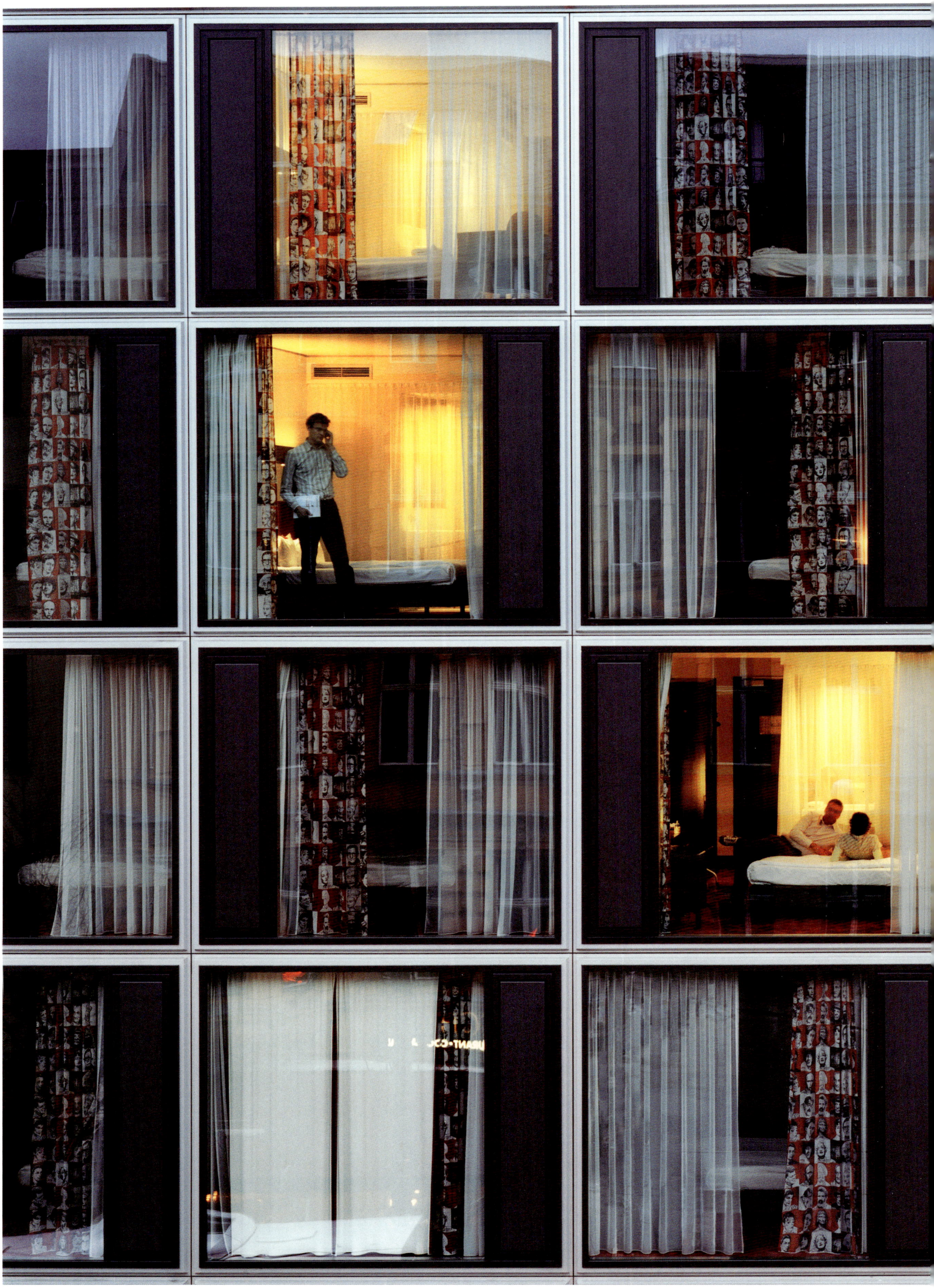

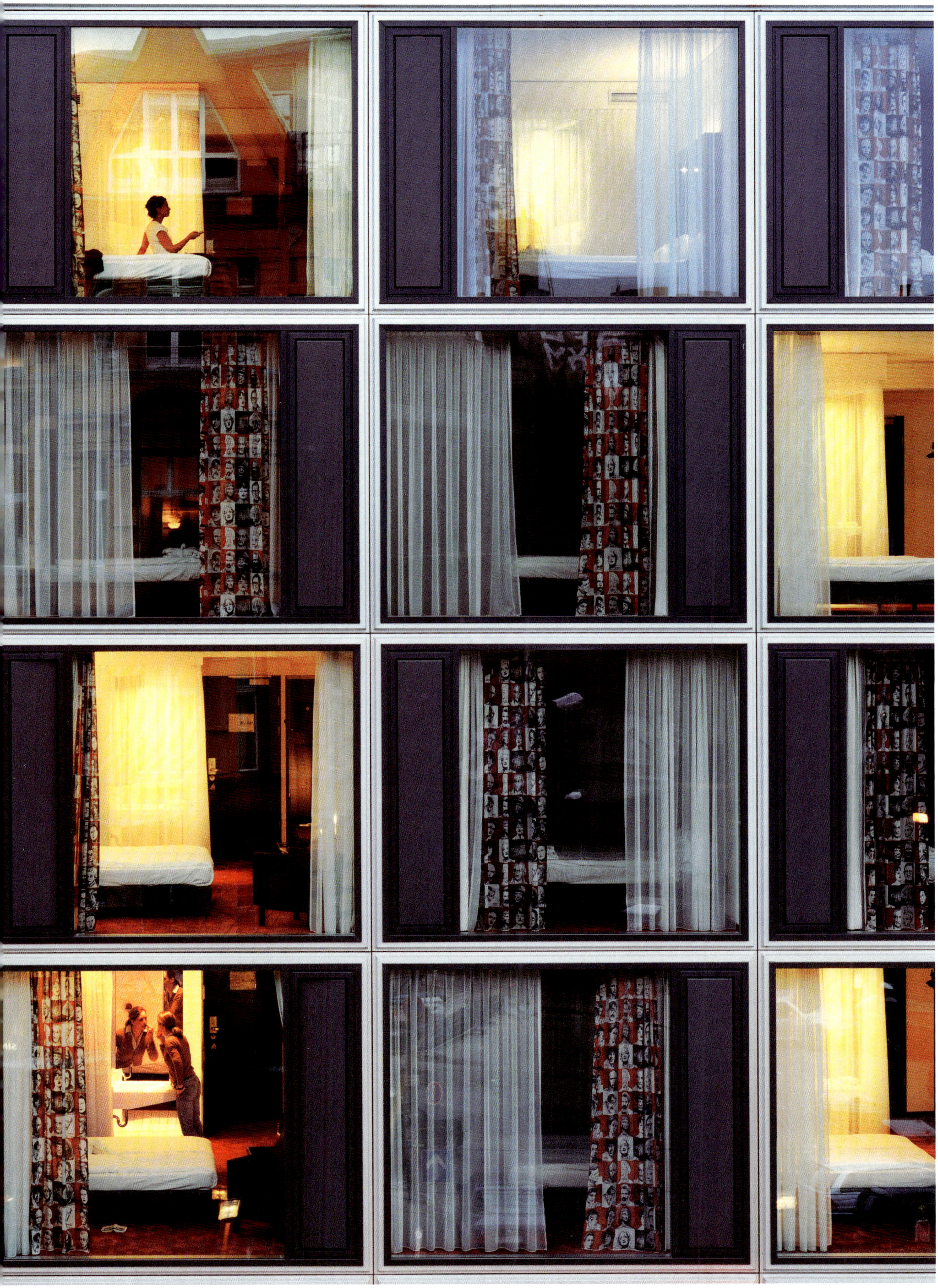

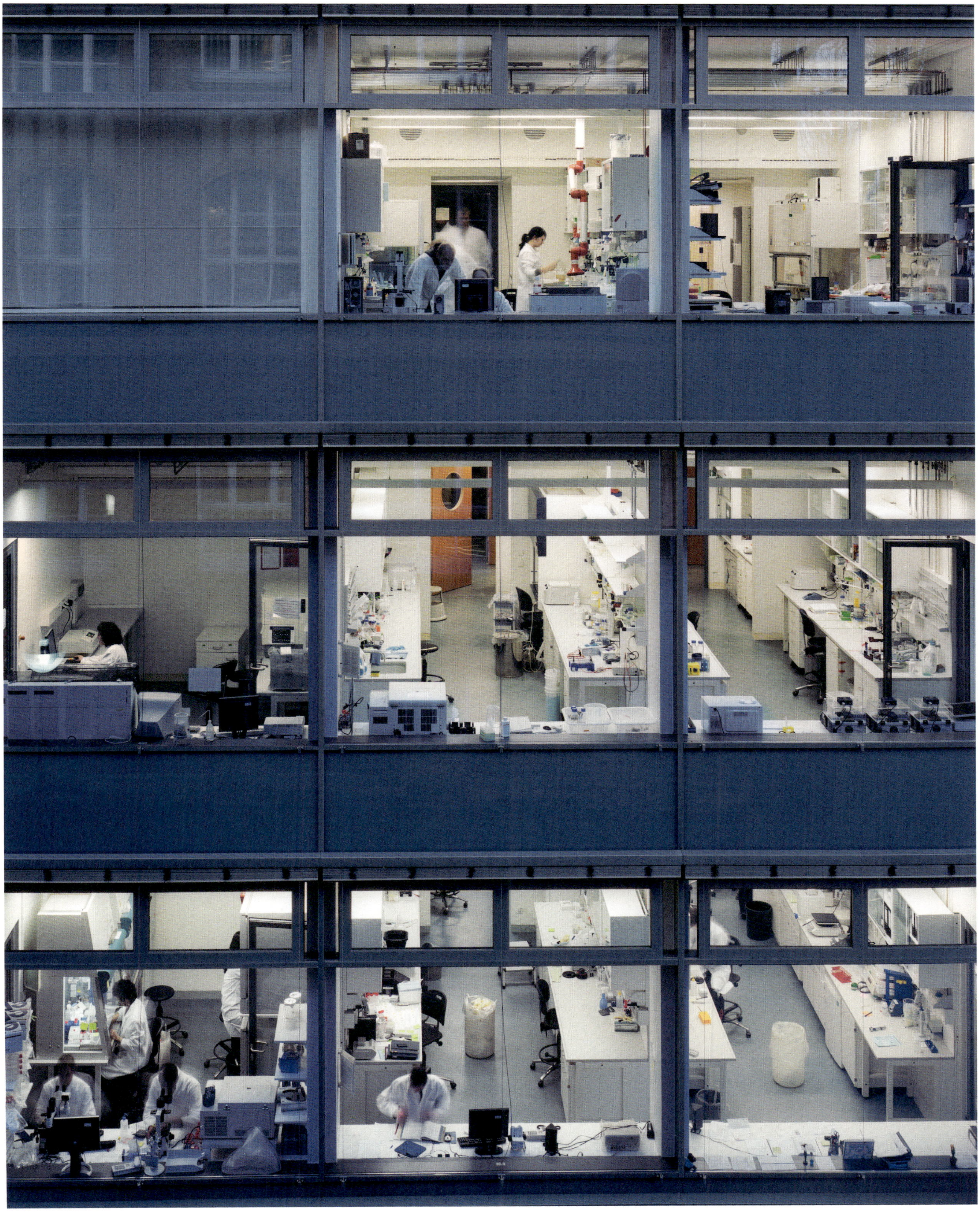

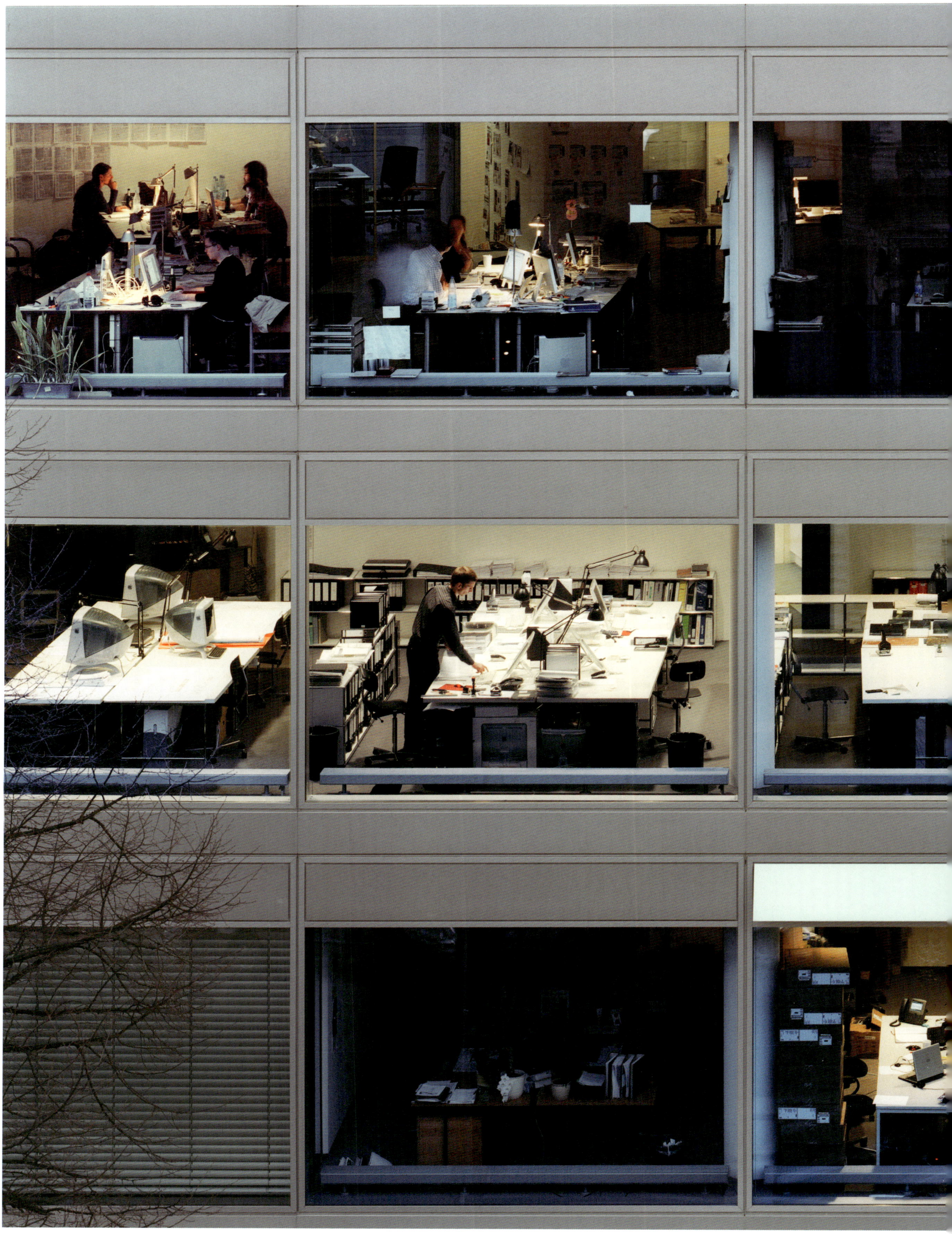

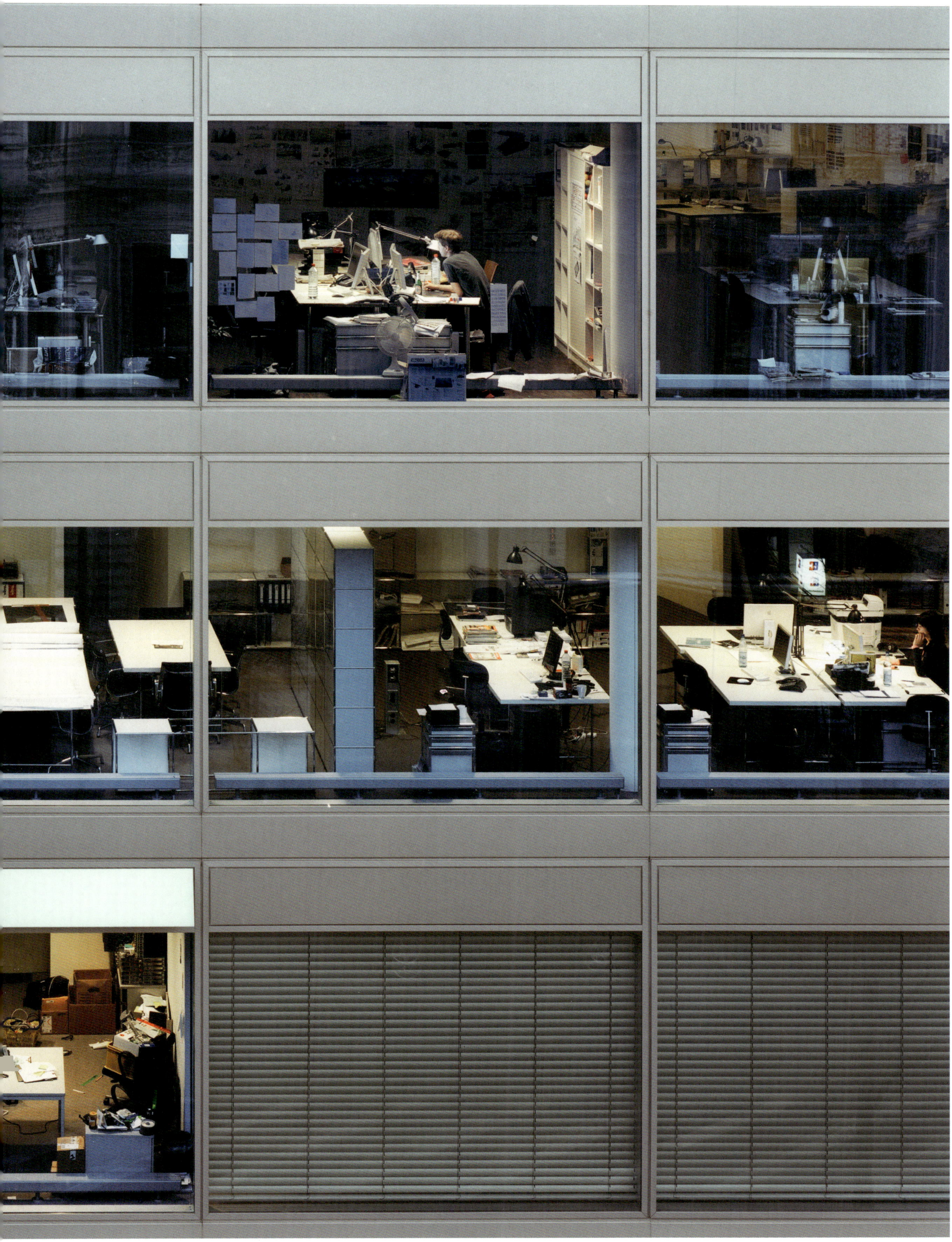

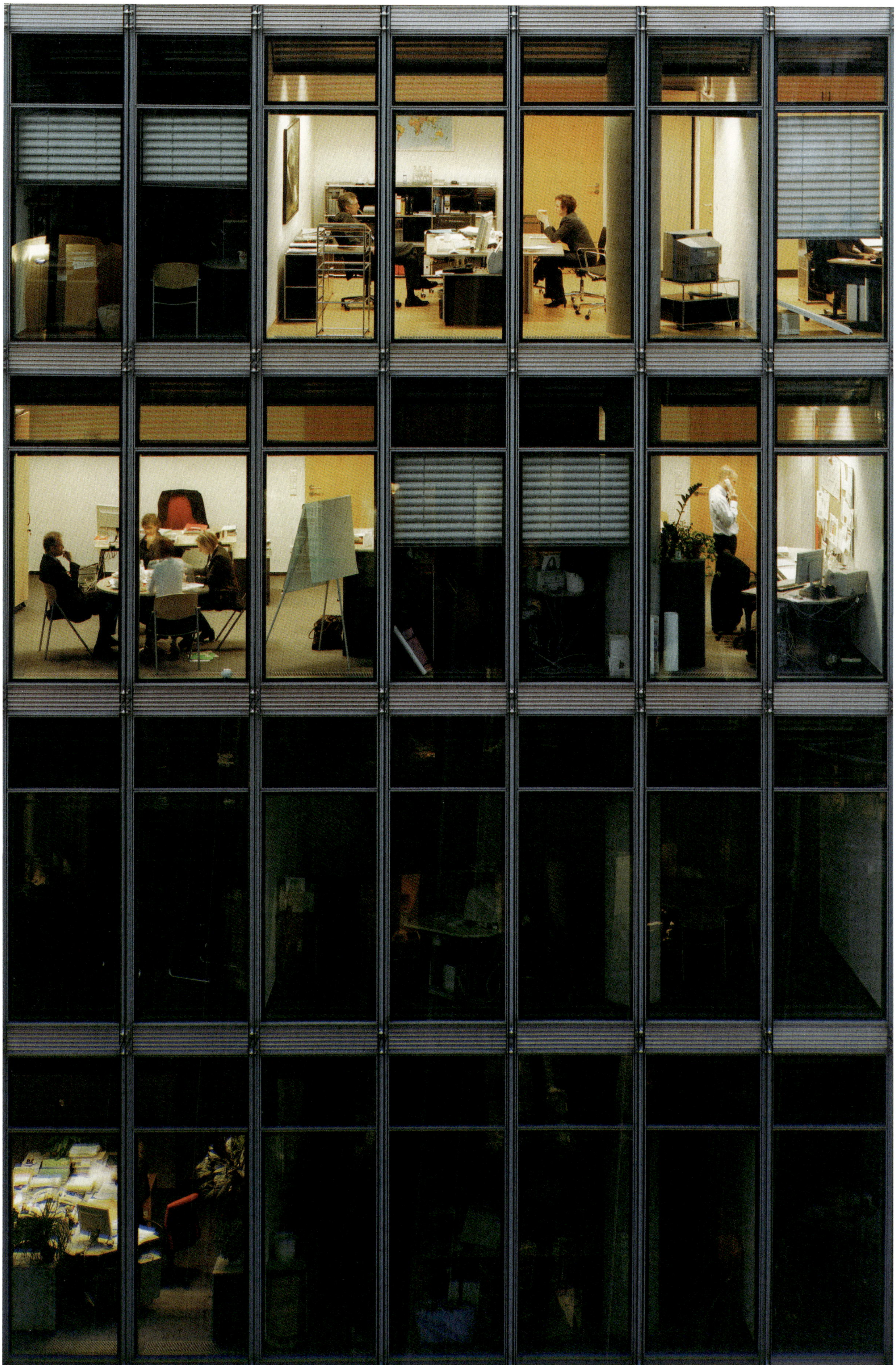

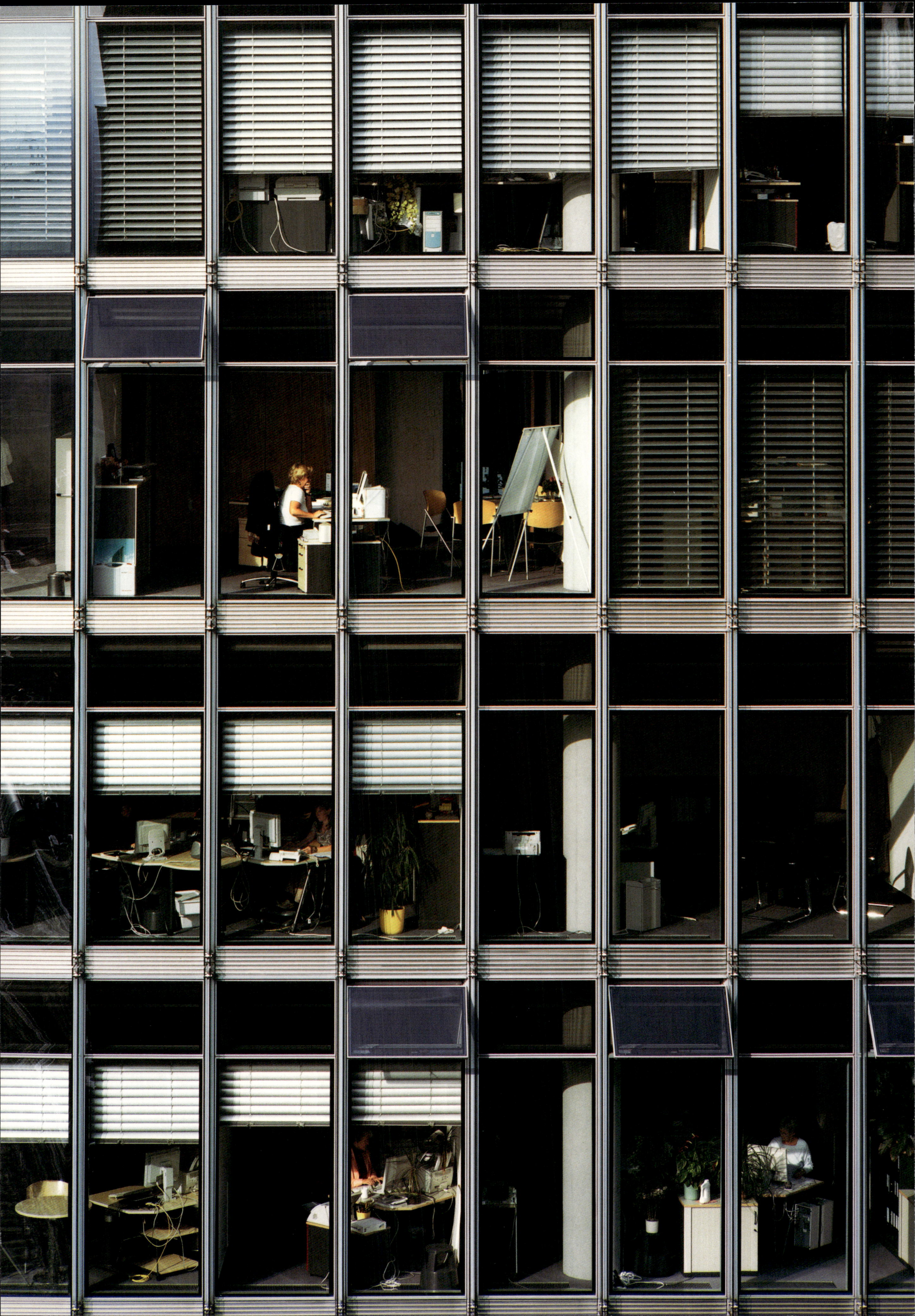

ROLAND SCHIMMELPFENNIG
PUSH UP 1–3

HEINRICH

Ich arbeite für einen ziemlich großen Konzern. Ich sitze unten, hinter der Glasscheibe, in der Lobby, und an mir kommt jeder vorbei, der in dem Gebäude arbeitet. Das Gebäude ist groß, wirklich groß, sechzehn Stockwerke, und neben mir laufen Monitore, die die Bilder der Sicherheitskameras übertragen.
Wir arbeiten in der Zentrale im Schichtdienst, meistens zu zweit. Während der Nachtschichten übernehmen wir auch den Rundgang durchs Haus. Beim Nachtrundgang überprüfen wir jeden Raum, wir schließen jeden einzelnen Raum auf und zu. Das dauert.
Der Komplex ist weitläufig, es gibt alles, was man sich so vorstellt: die Chefetage, die Sitzungsräume, die nachts immer noch nach Zigarettenrauch riechen, die Bereiche der einzelnen Abteilungen und Unterabteilungen, die Büros der Verwaltung, die Entwicklung, die Räume der Kreativen, die Labors und die riesige Computerzentrale im Keller, in der Daten aus der ganzen Welt gespeichert werden: Daten aus den Nebenstellen in den USA, Südafrika, Indien.
Neben den Monitoren für die Sicherheitskameras läuft mein eigener kleiner Fernseher. Das ist zwar nicht offiziell gestattet, aber es sagt keiner was. Nicht einmal Kramer, der mit der Frau zusammen ist, der der Konzern mehr oder weniger gehört. Kramer schmeißt im Grunde den Laden. Was sie macht, weiß ich nicht genau. Aber wenn sie vorbeikommt, mache ich den kleinen Apparat lieber aus.
Manchmal läuft im Fernsehen sogar der Werbespot unserer eigenen Firma – in dem Spot unserer Firma wird eine Frau in einem Park von einem Mann über eine riesige Pfütze getragen. Dann kommt ein Spruch und unser Logo.
Pause.
Kommt mir komisch vor. Kommt mir irgendwie geklaut vor.
Auf jeden Fall läuft der Spot schon über ein Jahr, und es wird Zeit, daß mal ein neuer Spot kommt: vielleicht mal was ganz anderes – irgendwas, was mehr mit mir zu tun hat – oder mit unseren Produkten, ich meine, ich verstehe den Zusammenhang nicht.
Wir arbeiten meistens in Zweier-Schichten. Ich habe oft mit Maria Dienst. Maria sieht das mit dem Spot ganz anders. Sie mag den Spot, aber ich hätte gerne was mit mehr Action. Ich mag Action-Filme. Oder Thriller.

Maria und ich reden viel über die Sachen, die wir während der Schicht im Fernsehen sehen. Über die Liebespaare in den Filmen zum Beispiel. Ich meine, im wirklichen Leben ist es einfach anders. Die Leute kommen nicht einfach zusammen: Es kommt selten vor, daß sich zwei Leute sehen und dann bäng verlieben sie sich ineinander, passiert so gut wie nie. Oder daß wie in unserem Spot ein Mann eine Frau in einem Park über eine riesige Pfütze trägt. Wann passiert das schon. Oder? Oder, frage ich dann Maria, ich meine, sieh dir doch mal dich und mich an. Ich trag dich doch auch über keine Pfütze. Und dann lacht sie.

SABINE

Ich hatte seit zwei Jahren keinen Sex mehr. Und ich bin achtundzwanzig. Ich stehe jeden Morgen um sechs auf. Ich dusche kalt und frühstücke anschließend. Meistens Obst. Im Bademantel. Dabei läuft der Fernseher. So mache ich das jeden Morgen außer sonntags. Morgens sehe ich von halb sieben bis sieben fern. Das Programm ist um die Uhrzeit nicht besonders, aber ich sitze davor und denke an gar nichts. Dann fange ich an, mich anzuziehen. Ich ziehe nie dasselbe an, was ich am Tag zuvor anhatte. Nie. Obwohl sich meine Sachen oft ähneln. Ich habe viele Sachen. Kleidung. Ich habe meine Wohnung unter diesem Aspekt ausgesucht. Einbauschränke. In meiner jetzigen Wohnung gibt es zwei Einbauschränke.

Ich habe Schwierigkeiten damit, zu entscheiden, was ich anziehen soll. Das ist ein Problem. Ich wechsle oft mehrfach die komplette Kleidung, bis ich mich entschieden habe, was ich anziehen soll. Bis ich mich zu einer Entscheidung durchgerungen habe. Das ist nicht einfach. Das ist eine Qual.

Wenn ich schließlich angezogen bin, föne ich meine Haare zurecht und schminke mich. Die Frisur geht, viel ist mit meinen Haaren einfach nicht zu machen. Make-up ist schwierig, gerade im Winter, wenn es draußen noch dunkel ist. Nicht zuviel. Nur hochwertige Produkte. Aus Japan zum Beispiel.

Kurze Pause.

Wenn ich mit dem Gesicht fertig bin, fahre ich mit dem Fahrstuhl in die Tiefgarage. Es ist jetzt acht Uhr. Auf halbem Weg steige ich aus und drehe um. Fahre wieder rauf. Weil ich mich entsetzlich fühle. Ich halte es nicht aus. Ich halte es nicht aus. Ich schließe die zwei Sicherheitsschlösser meiner Wohnungstür wieder auf und ziehe mich um. Mir gefällt nicht mehr, was ich anhabe. Ich trage meistens Blau. Ich mag Blau nicht besonders, außer vielleicht bei Jeans oder Winterpullovern, aber trotzdem trage ich meistens Blau. Ich bin dazu übergegangen, alles in Blau zu tragen. Blaue Sachen zu kaufen, wenn ich mal dazu komme. Alles, was ich kaufe, ist blau. Also – farblich paßt alles zueinander.

Trotzdem drehe ich auf halben Weg um und ziehe mich noch mal um. Ich wechsele alles. Die Strümpfe, den Slip, den BH. Ich finde mich häßlich. Ich muß mich beeilen, die Uhr tickt, und ich stehe vor dem Spiegel im Flur und finde mich häßlich.

Schließlich ist es kurz nach halb neun, es ist höchste Zeit, ich muß dringend los. Ich fahre wieder mit dem Aufzug in die Tiefgarage. Steige ins Auto. Ich kann jetzt nicht noch mal umdrehen. Jetzt noch mal umzudrehen, ist absolut unmöglich. Blick in den Rückspiegel. Mein Make-up ist entsetzlich. Der Lippenstift gefällt mir nicht. Im Stau auf der Stadtautobahn mache ich mir wenigstens die Lippen neu. Augen kann ich erst später in der Firma machen. Nur nicht billig erscheinen. Ich komme in die Firma und habe das Gefühl, daß mich niemand ansieht. Das ist gut.
Das ist furchtbar.
Um neun Uhr fünfzehn treffe ich mein Team. Keine der Frauen an dem langen Tisch trägt Blau. Außer bei Jeans oder Winterpullovern vielleicht, aber beides sieht man bei uns selten. In den Sitzungen. Viele von ihnen sind mittelmäßig. Sehr mittelmäßig. Die meisten.
Keine trägt Blau.
Kurze Pause.
Ich sehe in die Gesichter am Tisch und frage mich, wer von denen wie oft in der letzten Nacht gefickt hat. Oder morgens. Während ich kalt geduscht habe. Während ich Fernsehen geguckt und an nichts gedacht habe.
Alle, denke ich. Alle. Alle außer mir.

ANGELIKA

Mein Mann schläft nicht mehr mit mir. Kramer. Ich bin 48 Jahre alt. Ich stehe jeden Morgen um sechs auf. Ich dusche kalt und frühstücke anschließend. Meistens Obst. Am Küchencounter. Im Bademantel. Mit einem Handtuch um den Kopf und Hausschuhen an den Füßen. Damit ich nicht friere und mich erkälte. Dabei läuft der kleine Fernseher, den wir in der Küche stehen haben. So mache ich das jeden Morgen außer sonntags und manchmal samstags. Morgens sehe ich von halb sieben bis sieben fern. Das Programm ist um diese Uhrzeit nicht besonders, aber ich sitze davor und denke an gar nichts. Das ist schön. Dann fange ich an, mich anzuziehen und zu schminken. Ich ziehe nie dasselbe an, was ich am Tag zuvor anhatte. Nie. Früher hat es sehr lange gedauert, bis ich wußte, was ich anziehe. Es war jeden Morgen ein qualvoller Prozeß, bis ich angezogen war. Es dauert immer noch sehr lange, aber früher wußte ich überhaupt nicht, was ich anziehen soll – heute gehe ich einfach öfter einkaufen. Das ändert zwar nichts grundsätzlich an dem Problem, es hilft aber. Zumindest vorübergehend. Wenn ich nicht mehr weiß, was ich anziehen soll, gehe ich einkaufen. Oder ich lasse mir die Sachen schicken. Aber meistens gehe ich einkaufen, weil ich jemanden brauche, der mir hilft. Eine Verkäuferin. Beratung. Ich frage die Verkäuferinnen, was mir steht oder was sie mir empfehlen. Ich lasse mich sozusagen von den Verkäuferinnen anziehen, und das geht manchmal ganz gut. Oft auch nicht.
Das Gute an teuren Geschäften ist, daß die Verkäuferinnen dort oft mehr Geschmack haben als in den billigen. Aber auch nicht immer.
Es ist nicht einmal so, daß ich nicht merke, daß die Verkäuferin keinen Geschmack hat. Ich weiß nicht, woran ich das erkenne. Vielleicht an den Augen. Oder den Haaren. Oder den Zähnen.

Wenn ich anfange, einzukaufen, kaufe ich viel ein. Ich suche nie ein einzelnes Stück. Wenn ich einkaufe, suche ich eine neue Garderobe. Röcke. Blusen. Kostüme. Jeans, für die ich eigentlich zu dick bin oder mich nur zu dick fühle, wie mir dann die Verkäuferin sagt. Kleider, Schuhe. Halstücher. Gürtel. Absurdes Zeug.
Dieser Einkauf gibt mir das Gefühl von Sicherheit. Sicherheit, Dinge kaufen zu können, Dinge haben zu können, die ich dringend brauche.
Alle zwei Monate bringe ich zwei Säcke mit Kleidern weg. In den Container vom Roten Kreuz.
Oder ich verschenke die Sachen an die zwei Töchter meiner Nachbarn. Aber die passen denen natürlich nicht. Die nehmen das nur aus Höflichkeit an. In diesen Säcken sind oft Sachen, die ich nie getragen habe. Sachen, von denen ich schon beim Kauf wußte, daß ich sie niemals tragen werde. Manchmal. Die ich am Abend in den Schrank gehängt habe, um sie am nächsten Tag anzuziehen, und die mir dann morgens nicht mehr gefielen. Weil nichts zu ihnen paßte. Hellgrüne Pullover. Goldene Sandalen für den Sommer, zu denen mir plötzlich der richtige Rock fehlte. Zweireihige Jacketts mit Schulterpolstern. Silberne Lurex-Pullover für Empfänge.
Das sind Entgleisungen. Kontrollverluste. Das sind Notsituationen. Aber das weiß man doch alles erst hinterher.
Früher hat mir mal jemand geraten, alles in einer Farbe zu kaufen. Weil dadurch die Kombinationen einfacher werden. Aber welche Farbe paßt zu mir. Das kann ich doch nicht entscheiden.
Ich ziehe also irgend etwas an, was ich in spätestens zwei Monaten ans Rote Kreuz verschenke. Und dann föne ich mir meine Haare zurecht und fange an, mich zu schminken. Es ist ungefähr acht, Kramer steht auf und verschwindet in seinem eigenen Bad unter der Dusche.
Die Frisur geht, viel ist mit meinen Haaren einfach nicht zu machen. Make-up ist schwierig, gerade wenn es draußen noch dunkel ist. Nicht zuviel auftragen. Nur was nötig ist. Nur hochwertige Produkte. Aus Japan zum Beispiel.
Kurze Pause.
Ich komme gegen neun in die Firma, Kramer neben mir, das ist eine Bedingung. Alle sehen mich an. Niemand sieht mir in die Augen, aber alle sehen mich an. Früher habe ich noch geglaubt, ich würde mir das nur einbilden. Kramer sagt das zum Beispiel. Aber es ist nicht so. Das ist furchtbar.
Um halb zehn habe ich die erste Sitzung. Vor mir sitzen ein Haufen frisch rasierter Männer. In Anzügen, die ich alle schon kenne. Sehr mittelmäßig. Die meisten.
Kurze Pause.
Ich frage mich, ob die sich fragen, wann ich zum letzten Mal gefickt habe. Ich habe das mal Kramer erzählt. Früher. Vor ein paar Jahren, als die Dinge noch anders waren.

PATRIZIA

Es war der beste Sex, den ich je hatte.

Kurze Pause.

Unsere Blicke trafen sich, und wir beide wußten, daß es geschehen würde. Ich spürte, daß er es spürte, und er spürte, daß ich es spürte. Wir sahen uns an, quer durch den Raum, und wir wußten es. Bäng.
Eine Party im sechzehnten Stock, Chefetage. Die Feier war in vollem Gang. Kramer hatte eine Rede gehalten. Die Korken knallen. Lachen im Raum, leise Musik, gedämpftes Licht. Wie in einem Film.
Ich trage ein kurzes Kleid.
Er stößt mit einer Frau an, aber ich weiß, daß er mich im Blick hat.
Er ist Anfang Dreißig. Ich habe schon viel von ihm gehört, aber ich bin ihm nie vorgestellt worden. Er ist erfolgreich. Ein Senkrechtstarter, arbeitet sehr eng mit Kramer zusammen: Was bei Kramer landet, geht vorher über seinen Schreibtisch. Ehrgeizig, engagiert, das sieht man. Alles steht ihm offen: Solang er Kramer nicht enttäuscht, hat er eine glänzende Zukunft vor sich.
Das Geräusch von vielen Stimmen, Gläser klirren, Lachen, hinter den Fenstern liegt unter uns die Stadt in der Nacht.
Ich lasse mir noch etwas nachschenken und gehe langsam, ohne mich umzudrehen, zur Tür. Ich gehe den Korridor hinunter. Lautlos, denn auf dem dicken Teppich machen meine Stilettos kein Geräusch. In der linken Hand habe ich das Glas Champagner, und mit dem rechten Zeigefinger streife ich die Wand des Korridors entlang. Ich probiere Türklinken aus. Die meisten Büros sind abgeschlossen. Kramers Büro ist offen.

ROBERT

Es war der beste Sex, den ich je hatte.

Kurze Pause.

Kramer gab eine Party im sechzehnten Stock. Alle waren da. Champagnerknorken knallten. Ausgelassene Stimmung. Blick aus den Fenstern auf die Lichter der Stadt in der Nacht. Fast wie im Kino. Alles lief gut. Leise Musik im Hintergrund. Kramer hatte gute Laune. Trotz der Sache mit Indien.

Kurze Pause.

Sie sah absolut bezaubernd aus, hinreißend. Sie trug ein kurzes, dunkles Kleid. Unsere Blicke trafen sich schon, als sie den Raum betrat. Wir sahen uns an, und wir wußten es. Sie wußte es. Ich wußte es. Es war klar. Natürlich hatte ich schon viel von ihr gehört. Aber ich war ihr nie vorgestellt worden.

Kurze Pause.

Der Spot mit der Pfütze war ihre Idee. Ihr Konzept. Und ihr Erfolg.
Die Pfütze brachte sie innerhalb von zwölf Monaten an die Spitze der Abteilung.

Kurze Pause.

Der Pfützenspot brachte den absoluten Durchbruch. Das war ein stehender Begriff: Die Pfütze. Patrizias Spot mit der Pfütze. Oder auch: Patsys Spot mit der Pfütze. Alle nennen sie Patsy.

Kurze Pause.

Die Pfütze war fast schon legendär.

Kurze Pause.

Kramers Frau stößt mit mir an, aber ich lasse Patrizia nicht für länger als ein paar Sekunden aus den Augen. Sie steht am anderen Ende des Raumes.

Ich beobachte, wie sie sich bewegt, wie das Licht auf ihre Schultern fällt. Ich weiß, daß sie weiß, daß ich sie beobachte, während ich mit Kramers Frau spreche – auch wenn sie nicht zu mir rübersieht.

Sie läßt sich nachschenken und geht zur Tür. Wohin geht sie? Das Glas hält sie in der linken Hand.

Kurze Pause.

Ich lasse ihr genau zwanzig Sekunden Vorsprung, dann entschuldige ich mich bei Kramers Frau und gehe ihr nach.

Ich sehe noch gerade, wie sie in Kramers Büro verschwindet. Ich laufe den Korridor entlang. Auf dem Teppich sind meine Schritte nicht zu hören. Kramers Bürotür ist nur angelehnt.

PATRIZIA

Ich ging aus dem Büro. Ich ließ mir Zeit. Es war mir egal, ob er vor mir mit Kramer reden würde, denn ich wußte, das hatte er vor. Aber ich war meiner Sache absolut sicher: Er hatte keine Chance.

Ich fuhr runter in mein Büro und druckte das Papier noch mal aus. Ich las es noch einmal durch. Ich setzte mich hinter meinen Schreibtisch und wartete. Ich sah aus dem Fenster und zählte langsam bis hundert. Vielleicht hoffte ich, daß noch irgend etwas geschehen würde. Vielleicht hatte er recht: Vielleicht war der Central Park wirklich keine gute Idee.

Und dann nahm ich den Telefonhörer und machte mit Kramer einen Termin aus, um ihm mein Konzept vorzustellen.

Kommen Sie rauf, meinte er, so in zehn Minuten.

Ich fühlte mich aufgeregt, aber gleichzeitig sicher. Immer wenn ich im sechzehnten Stock bin, bekomme ich so ein bestimmtes Gefühl in der Magengegend – so was wie: Hier will ich hin.

Es sind vielleicht Klischees, aber ich will eines Tages in einem dieser Büros meinen eigenen Schreibtisch haben. Ich will eine große Wohnung – am besten in New York, und ich will einen gutaussehenden Mann kennenlernen, der mich an einem total verregneten Tag im Central Park über eine große Pfütze trägt, weil es einfach manchmal Momente gibt, in denen man nicht alleine weiterkommt. Ich will ein Kind, und ich will in Pyjamas schlafen und morgens nach einer chaotischen Taxifahrt in einem perfekten Kostüm und mit einer irgendwie improvisierten, aber trotzdem großartigen Frisur in den Fahrstuhl steigen und hier rauffahren. Ich will auf dem leisen Teppich zu meinem Büro gehen und aus den offenen Türen der Vorzimmer das leise Geräusch der Tastaturen hören.

Kurze Pause.

Robert kam gerade aus Kramers Büro. Das war das letzte Mal, daß ich ihn gesehen habe.

Kurze Pause.

Kramer war von dem Papier nicht so überrascht, wie ich erwartet hatte – Robert hatte es ihm gerade gezeigt. Aber er fand die Idee, den Pfützen-Spot noch mal in New York zu drehen, hervorragend. Der Central Park. Das Licht. Die Skyline. Er war absolut begeistert – Er war entzückt. Er sprach von »expansiver Kontinuität«. Er fand die Idee charmant. Let's go to New York, meinte er. Patsy, let's go to New York.

FRANK

Mich interessieren nur die harten Sachen. Teenager interessieren mich nicht. Ich mag besonders die italienischen, die ungarischen und die französischen Freepics-Seiten. Allein megasalope zeigt Hunderte von Bildern. Hunderte von Frauen. Die Bilder sind echt, sie sind wirklich, die Frauen auf den Fotos machen es wirklich, aber sie haben keine Namen, sie haben nur Nummern. Ich gebe ihnen aber trotzdem Namen. Und während ich mir die Bilder von Natascha, Suzie oder Julia ansehe, vergesse ich die Befehle, die Zahlen, die ganze Programmarchitektur. Ich höre auf, darüber nachzudenken.

Kurze Pause.

Ich sitze vor dem Computer und frage mich, wo Suzie auf megasalope wirklich herkommt. Wo diese Bilder entstanden sind: in Frankreich oder in Ungarn oder in Amerika? Oder in Deutschland, Italien oder Rußland? Wo hat sie sich vor der Kamera ausgezogen? Vielleicht wohnt sie hier um die Ecke. Wer ist der Mann, mit dem sie es auf den Fotos macht. Wer ist der Fotograf? Macht sie das immer? Oder hat sie es nur das eine Mal gemacht? Wieviel hat sie dafür bekommen, falls sie etwas dafür bekommen hat? Wie alt ist das Foto? Wo ist sie jetzt? Wo ist sie jetzt, während ich hier bin? Was macht sie in diesem Moment, während ich mir ihr Foto ansehe? Denkt sie daran? Denkt sie daran, daß sie vielleicht jetzt gerade einer ansieht?

Oder zum Beispiel Natascha – Eines Abends sind ihre Fotos einfach verschwunden, die ganze Seite hat plötzlich ein anderes Gesicht. Ein Update. Natascha ist weg. Vielleicht gibt es irgendwo im Netz noch mehr Bilder von ihr – nur wo? Ich suche nachts die Server nach ihr ab, aber ich finde sie nicht. Ich habe noch nie dieselbe Frau auf zwei verschiedenen Adressen gefunden. Die Bilder sind austauschbar, aber auf keinem ist Natascha. Vielleicht existiert sie gar nicht mehr.

Ich suche sie im ganzen Netz, und ich finde sie nicht, und das alles dauert immer noch so lange.

Pause.

Schließlich mache ich gegen ein Uhr den Computer aus. Ich sitze da, mit offenem Mund, und spüre, wie die Luft in meine Lungen fällt. Für einen Moment ist nichts in meinem Kopf.

Musik.

Und dann kommen die Zahlen wieder, die Befehle, die Programmschritte, und ich überlege, wie man all das, all die Datenautobahnen, die Server, die Prozessoren, die Programme noch schneller, komplexer und besser machen könnte.

...

MARIA

Ich arbeite in einem großen Konzern. In dem sogenannten Mutterhaus, dem Hauptsitz der Firma – ist ein Hochhaus. Ich arbeite unten, in der Lobby, in der Zentrale. Bei uns kommt jeder vorbei, der das Haus betritt oder verläßt. Die Leute sehen komisch aus, wenn sie morgens so an einem vorbeihasten. Besonders die Frauen, wenn die so um kurz nach neun hier reinkommen und es wirklich eilig haben.
Für mich beginnt die Frühschicht schon drei Stunden früher, um sechs. Ich gehöre zu den Leuten, die morgens um fünf Uhr vierzig in der Straßenbahn sitzen. Trotzdem sind mir die Frühschichten am liebsten. Die Nachtschichten sind am schlimmsten. Während der Nachtschichten müssen wir auch den Rundgang durchs Haus machen, und dabei habe ich Angst. Wir müssen in alle Räume und Büros gucken, und ich denke immer, daß wir eines Nachts mal einen finden, der sich nach Feierabend aufgehängt hat. Kann doch sein. Irgendein Typ. Ein paar Jahre vor der Rente. Ist auch schon vorgekommen.
Wenn ich morgens zur Frühschicht komme, ist mein Kollege Heinrich meistens schon da. Er hat schon die Dienstkleidung angezogen und seine Butterbrote ausgepackt. Und er hat schon den kleinen Fernseher angemacht, den er heimlich neben den anderen Monitoren aufgestellt hat. Morgens zwischen sechs und sieben ist noch nichts los, nur die Putzkolonnen verlassen langsam das Haus – und deshalb sehen Heinrich und ich um die Zeit meistens zusammen Fernsehen.
Unsere Firma hat sogar ihren eigenen Werbespot. Heinrich mag den Spot nicht besonders, aber ich schon. Ich verstehe zwar nicht, was der Spot mit unserer Firma zu tun hat, aber egal. Jetzt gibt es sogar einen neuen Spot, obwohl der eigentlich so ist wie der alte – aber der neue Spot spielt in New York, im Central Park. Man sieht die Skyline.
Eine Frau steht im Central Park vor einer riesigen Pfütze. Sie kann in ihren Pumps nicht weiter, und dann hilft ihr ein gutaussehender Typ. Er trägt sie einfach, er nimmt sie und trägt sie über die Pfütze – so wie man eine Braut über die Türschwelle trägt. Heinrich mag das nicht. Heinrich will mehr Action, aber ich finds schön. Ich finde es romantisch. Klar – das Ganze ist natürlich geklaut – aus diesem Film mit Michelle Pfeiffer und George Clooney, aber – ist doch egal. Ich meine, macht doch nichts.
Heinrich meint immer, aber so ist es doch gar nicht, das würde im wirklichen Leben nie passieren. Und dann sieht er mich an und meint, oder, oder, Maria, sieh dir doch dich und mich mal an? Ich trag dich doch auch über keine Pfütze. Und weil ich mir dann vorstelle, wie das aussehen würde, wenn Heinrich mich über eine Pfütze trägt, muß ich lachen. Immer. Fast jeden Morgen.

Monologe aus:
Roland Schimmelpfennig, *Push Up 1–3,* 2001

ROLAND SCHIMMELPFENNIG
PUSH UP 1–3

HEINRICH

I work for a pretty big corporation. I sit downstairs, behind a glass window in the lobby, and everyone who works in the building walks by me. Our building is big, really big, sixteen stories, and next to me are monitors displaying images from the security cameras.
We work in the central office in shifts, usually in pairs. During the night shift, we walk through the building. During our nightly rounds, we check every room, we unlock and relock every single room.
It takes time. The building is extensive, we have everything you could imagine: executive suites, conference rooms that always smell of cigarette smoke at night, an area for each department and sub-department, management offices, development offices, the artists' department, laboratories, and a giant computer room in the basement that stores data from all over the world: data from our branches in the US, South Africa, India.
Next to the security monitors, I have my own little television set.
Of course, that's not officially allowed, but no one says anything.
Not even Kramer, who's with the woman who more or less owns the company. Kramer basically runs the place. I don't really know what she does. But when she comes by, I shut the TV off.
Sometimes I even see the commercial for our firm on television – in this ad a man carries a woman over a huge puddle. Then there's a slogan and our logo.
Pause.
Seems odd to me. Like it's been stolen from something. In any case, the ad's been running for over a year now and it's time for a new one: maybe something completely different – somewhat more to do with me – or our products, I mean, I just don't get the connection.
We usually work two to a shift. I'm often with Maria. Maria sees the ad completely differently. She likes it, but I'd rather have something with more action. I like action films. Or thrillers.

Maria and I talk about a lot of the things that we see on TV during our shift. About lovers in a film, for example. I mean, in real life it's not at all like that. People don't just get together: it rarely happens that two people see each other and then bang they're in love, that never happens. Or like in our ad, a man in a park carries a woman over a huge puddle. When does that happen. Right? Isn't that right, I ask Maria, I mean, look at us. I'm not going to carry you over a puddle. And she laughs.

SABINE

I haven't had sex for two years. And I'm twenty-eight. I get up every morning at six. I take a cold shower and then eat breakfast. Usually fruit. In my bathrobe. With the television on. That's what I do every morning except Sunday. Every morning I watch television from 6:30 to 7:00. The programming isn't very good at that hour, but I sit in front of it and think about nothing.

Then I get dressed. I never put on what I wore the day before. Never. Although many of my things looks alike. I have a lot of things. Clothes. I chose my apartment with that in mind. Closet space. There are two clothes closets in my current apartment.

I have difficulty deciding what I should wear. It's a problem. I often change my entire outfit several times before I decide what I should wear. Until I finally make up my mind. It's not easy. It's agony.

When I'm finally dressed, I style my hair and put on my make-up. My haircut's ok, there's not much I can do with my hair. Make-up is difficult, especially in winter when it's dark outside. Not too much. Only expensive brands. From Japan, for example.

Short pause.

When I'm done with my face, I take the elevator down to the garage. Now it's 8 o'clock. Halfway there I stop and turn around. I ride back up. Because I feel awful. I can't stand it. I can't stand it. I unlock the two safety locks on my apartment door and go to change my clothes. I no longer like what I have on. I usually wear blue. I don't really like blue, except for maybe jeans or a sweater, but I usually wear blue regardless.

I grew into it, somehow, only wearing blue. Only buying blue when it came down to it. Everything that I buy is blue. So – color-wise, everything goes with everything else. Nevertheless, halfway down I turn around and then I change my clothes again. I change everything. My pantyhose, my panties, my bra. I feel ugly. I have to hurry, the clock is ticking, and I stand in front of the mirror in the hallway and think I look ugly.

Finally, it's a little after eight thirty, it's high time, I really have to go. I take the elevator to the garage again. I get into the car. I can't turn around again. It would be absolutely impossible to turn around again. Look in the rearview mirror. My makeup is repulsive. I don't like my lipstick. I'm at least able to put on new lipstick during a traffic jam on the highway. I can do my eyes later at the office. Just don't want to look cheap. I arrive at work and I have the feeling that no one sees me. That's good. That's terrible.

At nine fifteen, I meet with my team. None of the women at the table wear blue. Except for jeans or a sweater maybe, but we rarely see that here. In our meetings. Many of them are ordinary. Really ordinary. Most of them. No one wears blue.
Short pause.
I look into the faces around the table and ask myself who among them got laid last night, and how often. Or this morning. While I took my cold shower. While I was watching television thinking about nothing. All of them, I think. Everyone except me.

ANGELIKA

My husband doesn't sleep with me anymore. Kramer. I'm 48 years old. I get up every morning at six. I take a cold shower and then eat breakfast. Usually fruit. At the kitchen counter. In my bathrobe. With a towel around my head and slippers on my feet. So that I won't freeze and catch a cold. The little television set that we put in the kitchen is on. That's what I do every morning except Sunday and sometimes Saturday. I watch TV from 6:30 to 7:00. The programming isn't very good at that hour, but I sit in front of it and think about nothing. It's great. Then I start to get dressed and put on my make-up. I never put on what I wore the day before. Never. It used to take a long time before I knew what I was going to wear. It was an agonizing process every morning, until I was dressed. It still takes a long time, but back then I had no idea what I should wear – I just go shopping more often these days. That doesn't fundamentally change the problem, but it helps. At least temporarily. If I no longer know what to wear, I go shopping. Or I order something. But usually I go shopping because I need someone to help me. A sales woman. Advice. I ask the sales woman what looks good on me or what she'd recommend.
I let the sales woman dress me, as it were, and sometimes it goes really well. But not often.
The good thing about expensive stores is that the sales women often have better taste than in the cheap ones. But not always.
It isn't that I fail to notice that the sales woman has no taste. I don't know how I recognize it. Maybe the eyes. Or the hair. Or the teeth.
Once I start shopping, I buy a lot. I never look for just one thing. When I shop, I look for an entire new wardrobe.
Skirts. Blouses. Suits. Jeans, for which I'm usually too fat or only feel too fat as the sales woman insists. Dresses, shoes. Scarves. Belts. Ridiculous stuff.
This shopping spree gives me a sense of security. The security that I can buy things, that I can have things I really need.
Every two months, I take two sacks to the Red Cross center.
Or I give the things to my neighbor's two daughters. But of course they don't fit. They only take them to be polite. These sacks often contain things I've never even worn. Things that I knew I'd never wear when I bought them. Sometimes. Things I'd hang in the closet in the evening planning to wear them the next morning, and that I no longer liked the next day. Because nothing went together. Light green sweater. Gold summer sandals, for which I suddenly couldn't find the right skirt.

Double-breasted jackets with shoulder pads. Silver Lurex sweater for special occasions.
These are slip-ups. A loss of control. These are critical lapses. But one only realizes that after the fact.
Someone once recommended that I buy everything in one color. Because it would be easier to combine items. But which color is right for me? I can't begin to decide that.
So I put something on that I'll end up giving to the Red Cross in a maximum two months time. And then I style my hair and begin to put on my make-up. It's about eight. Kramer gets up and disappears into the shower in his own bathroom.
My haircut's ok, there's not much I can do with my hair. Make-up is difficult. Especially when it's dark outside. Don't apply too much. Just what's necessary. Only expensive brands. From Japan, for example.
Short pause.
I get to work around nine, Kramer next to me, that's a requirement. Everyone looks at me. No one looks me in the eye, but everyone looks at me. I used to think it was all in my head. Kramer said as much. But it isn't. It's awful.
I have my first meeting at nine thirty. In front of me sit a bunch of freshly shaved men. In suits that I've already seen. Very ordinary. Most of them.
Short pause.
I wonder if they ask themselves when I last got laid. I told that to Kramer. A while back. A few years ago, when things were different.

PATRICIA

It was the best sex I'd ever had.
Short pause.
Our eyes met and we both knew that it would happen. I could sense that he felt it and he could sense that I felt it. We looked at one another from across the room and we knew. Bang.
A party on the sixteenth floor, executive suite. The party was in full swing. Kramer had given a speech. Corks were popping. Laughter in the room, soft music, muted light. Like in a film.
I wear a short dress.
He clinks his glass with another woman, but I know he's watching me. He's in his early thirties. I've heard a lot about him, but I've never met him. He's successful. A whiz kid, works closely with Kramer: What comes to Kramer passes his desk first. Ambitious, dedicated, you can see that. He can have anything: as long as he doesn't disappoint Kramer, he's got a brilliant future in front of him.
The sound of many voices, glasses clink, laughter, behind the windows, the city night lies under us.
I get one more drink and without turning around, go slowly to the door. I walk down the hallway. Noiselessly, because my stilettos don't make a sound on the thick carpet. I have a glass of champagne in my left hand and I run my right index finger along the wall of the corridor. I try the door handles. Most of the offices are locked. Kramer's office is open.

ROBERT

It was the best sex I'd ever had.

Short pause.

Kramer gave a party on the sixteenth floor. Everyone was there. Champagne corks popped. Boisterous mood. View through the windows of the city lights at night. Almost like in the movies. Everything went well. Light music in the background. Kramer was in a good mood. Despite that thing with India.

Short pause.

She looked absolutely enchanting, gorgeous. She wore a short, dark dress. Our eyes met when she entered the room. We looked at one another and we knew. She knew. I knew. It was clear. Of course, I'd already heard a lot about her. But we'd never been introduced.

Short pause.

The ad with the puddle was her idea. Her concept. And her victory. That puddle brought her to the top of the department within twelve months.

Short pause.

The puddle ad was a real breakthrough. It was a common term: the puddle. Patricia's ad with the puddle. Or: Patsy's ad with the puddle. Everyone calls her Patsy.

Short pause.

The puddle was almost legendary.

Short pause.

Kramer's wife is clinking her glass on mine, but I never let Patricia out of my sight for more than a few seconds. She stands at the other end of the room.

I watch how she moves, how the light falls on her shoulders. I know she knows that I'm watching her while I talk to Kramer's wife – even though she doesn't look over at me.

She gets herself another drink and goes to the door. Where is she going? She holds the glass in her left hand.

Short pause.

I give her a precise twenty second head start, then I excuse myself from Kramer's wife and follow her.

I just see her as she disappears into Kramer's office. I walk down the corridor. My feet don't make a sound on the carpet. Kramer's office door is slightly ajar.

PATRICIA

I left the office. I gave myself some time. I didn't care if he spoke with Kramer before I did, I knew that was his plan. But I was certain of my position, he didn't have a chance.

I rode down to my office and printed the proposal again. I read it through once more. I sat behind my desk and waited. I looked out the window and counted slowly to one hundred. Maybe I hoped something would happen. Maybe he was right: Maybe Central Park wasn't a good idea.

And then I picked up the phone and made an appointment with Kramer so that I could introduce him to my new concept.

Come on up, he said, in about ten minutes.
I felt nervous, but confident at the same time. Whenever I'm on the sixteenth floor I get this feeling in my stomach – like: This is where I want to be.
It's probably a cliché, but I want to have my own desk in one of those offices some day. I want a big apartment – preferably in New York, and I want to meet a good-looking man, who will carry me over a big puddle in Central Park on a totally rainy day, because sometimes there are simply moments in which one can't continue alone. I want a child, and I want to sleep in pajamas and the next morning, after a chaotic taxi ride, I want to climb into the elevator, in a perfect suit with a seemingly improvised but nevertheless terrific hair, and ride up here. I want to walk to my office across the quiet carpet and through the open doors of the anteroom hear the soft sound of keyboards.
Short pause.
Robert was just coming out of Kramer's office. That was the last time I ever saw him.
Short pause.
Kramer wasn't as surprised by the proposal as I'd expected – Robert had just shown it to him. But he found the idea of filming the puddle ad in New York terrific. Central Park. The light. The skyline. He was totally enthusiastic – he was delighted. He spoke of »expanding continuity«. He found the idea charming. Let's go to New York, he said. Patsy, let's go to New York.

FRANK

I'm only interested in the hard stuff. Teenagers don't interest me. I especially like the Italian, Hungarian, and French Free-Pix sites. Megasalope alone has hundreds of pictures. Hundreds of women. The photos are real, they're genuine, the women in those photos really do it, but they don't have names, they only have numbers. But I give them names anyway. And while I look at the photos of Natasha, Suzie or Julia, I forget the code, the numbers, the program architecture. I stop thinking about it.
Short pause.
I sit in front of the computer and ask myself where Susie on megasalope is from. Where these picture originated: France or Hungary or America? Or Germany, Italy or Russia? Where did they undress for the camera? Maybe she lives here around the corner. Who's the man who made the photos with her? Who's the photographer? Does she always do this? Or did she do it just this once? How much did she get, if she got anything for it? How old is the photo? Where is she now? Where is she now while I'm here? What is she doing right now as I look at her photograph? Is she thinking about it? Is she thinking about how someone might be looking at her right now?
Or Natasha, for example – one evening her photos just simply disappeared, the entire page suddenly has another face. An update. Natasha is gone. Maybe there are more pictures of her somewhere else on the net – but where? I search the server for her at night, but I don't find her. I've never found the same woman on two different sites.

The photos are interchangeable, but none of them is Natasha. Maybe she doesn't exist anymore.
I search the entire net and don't find her, and all of this takes a really long time.
Pause.
Finally, around one, I turn the computer off. I sit there with an open mouth, and feel the air dropping into my lungs. There's nothing in my head for a moment.
Music.
And then the numbers return, the code, the programming steps, and I consider how one could make all of that, the information highways, the servers, the processors, the programs, faster, more complex and better.
Short pause.
...

MARIA

I work for a big corporation. In the so-called mother building, the headquarters of the firm – it's a high-rise building. I work downstairs, off of the lobby, in the central office. Everyone who comes in or out of the building walks by us. The people look funny as they hurry by us in the morning. Especially the women when they come in a little after nine and are really in a hurry.
My shift starts three hours earlier, at six. I'm one of the people who sit in the train at 5:40 in the morning. In spite of that, I like the early shift best. The night shift is the worst. During the night shift, we have to walk the building and it scares me. We have to look in all of the rooms and offices, and I always think that one night, we might find someone who has hung himself after work. It could happen. Some old guy. A couple years away from retirement. It's happened before. When I arrive for the morning shift, my colleague Heinrich is usually already there. He's already put on his uniform, unpacked his breakfast. And he's already turned on his little TV that he secretly sets next to the other monitors.
There's not much going on between six and seven, just the cleaning staff slowly leaving the building – and that's why Heinrich and I usually watch TV together then.
Our firm even has its own advertising spot. Heinrich doesn't like the ad very much but I do. I don't understand what it has to do with our company, but I don't care. Now there's a new ad, although it's basically like the old one – but the new ad takes place in New York, in Central Park. You can see the skyline.
A woman stands in front of a big puddle in Central Park. She can't go any further in her heels and then a good-looking guy helps her. He just carries her, he takes her and carries over the puddle – like a bride over the threshold.
Heinrich doesn't like it. Heinrich wants more action – but I think it's great. I think it's romantic. Sure – the whole thing was stolen from that film with Michelle Pfeiffer and George Clooney, but – who cares. I mean, it doesn't really matter.

Heinrich always says but that's not how it is, that would never happen in real life. And then he looks at me and says, isn't that right, isn't that right, Maria, look at the two of us? I'm not going to carry you over a puddle. And then I imagine how it would look for Heinrich to carry me over a puddle and I laugh. Always. Almost every morning.

Monologues from:
Roland Schimmelpfennig, *Push Up 1–3,* 2001
By courtesy of S. Fischer Verlag, Frankfurt am Main
Translation by Melanie Dreyer, 2004

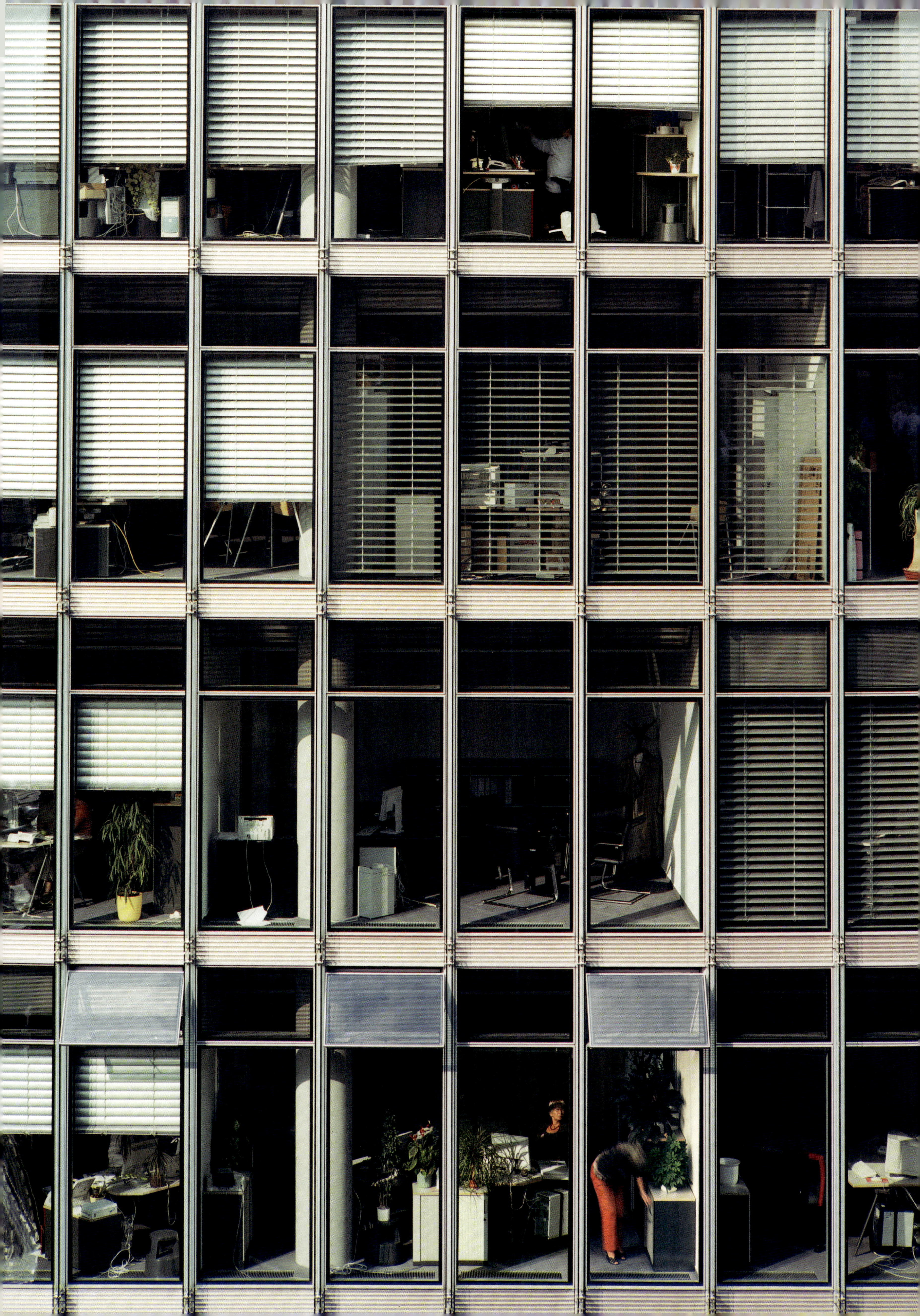

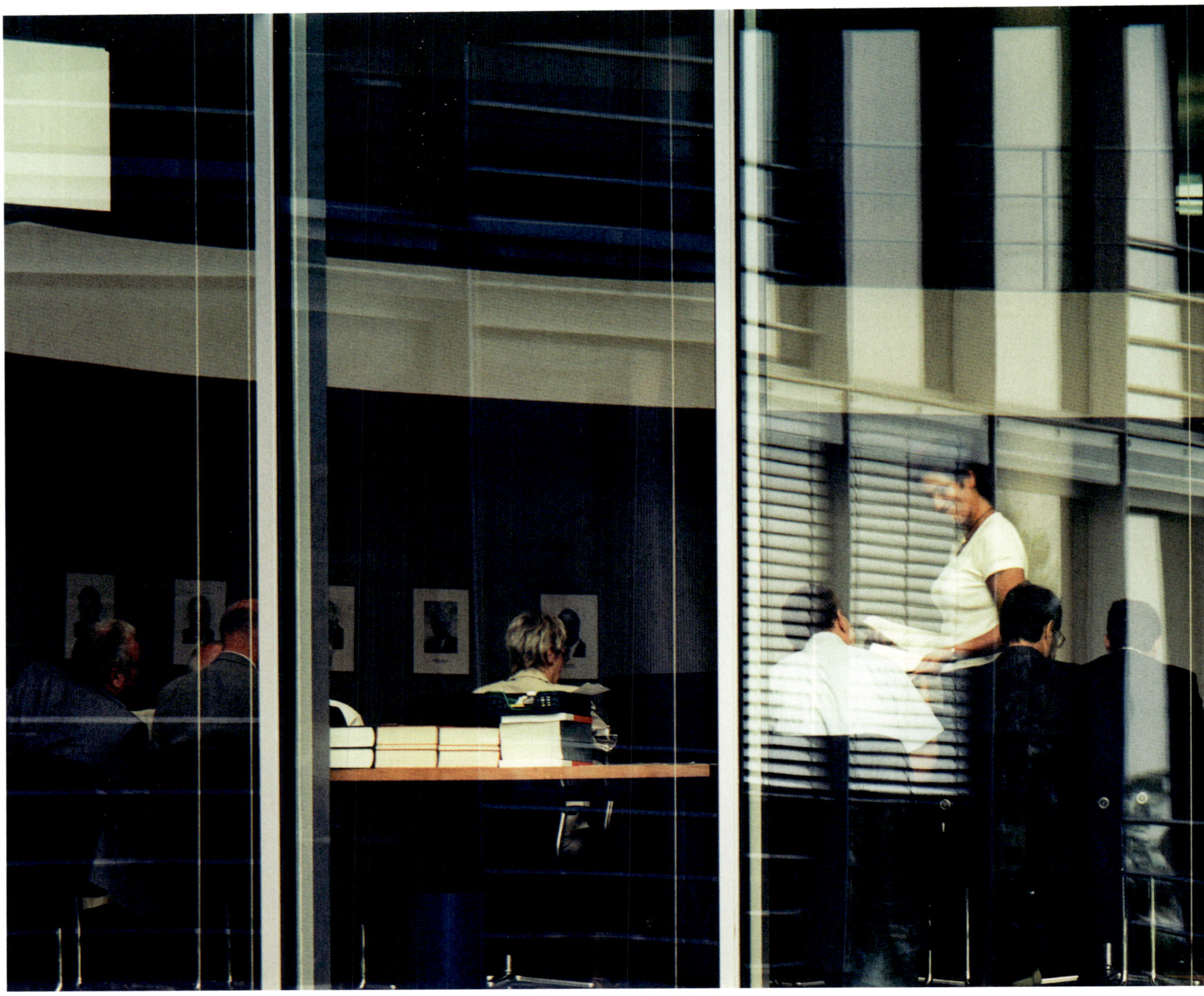

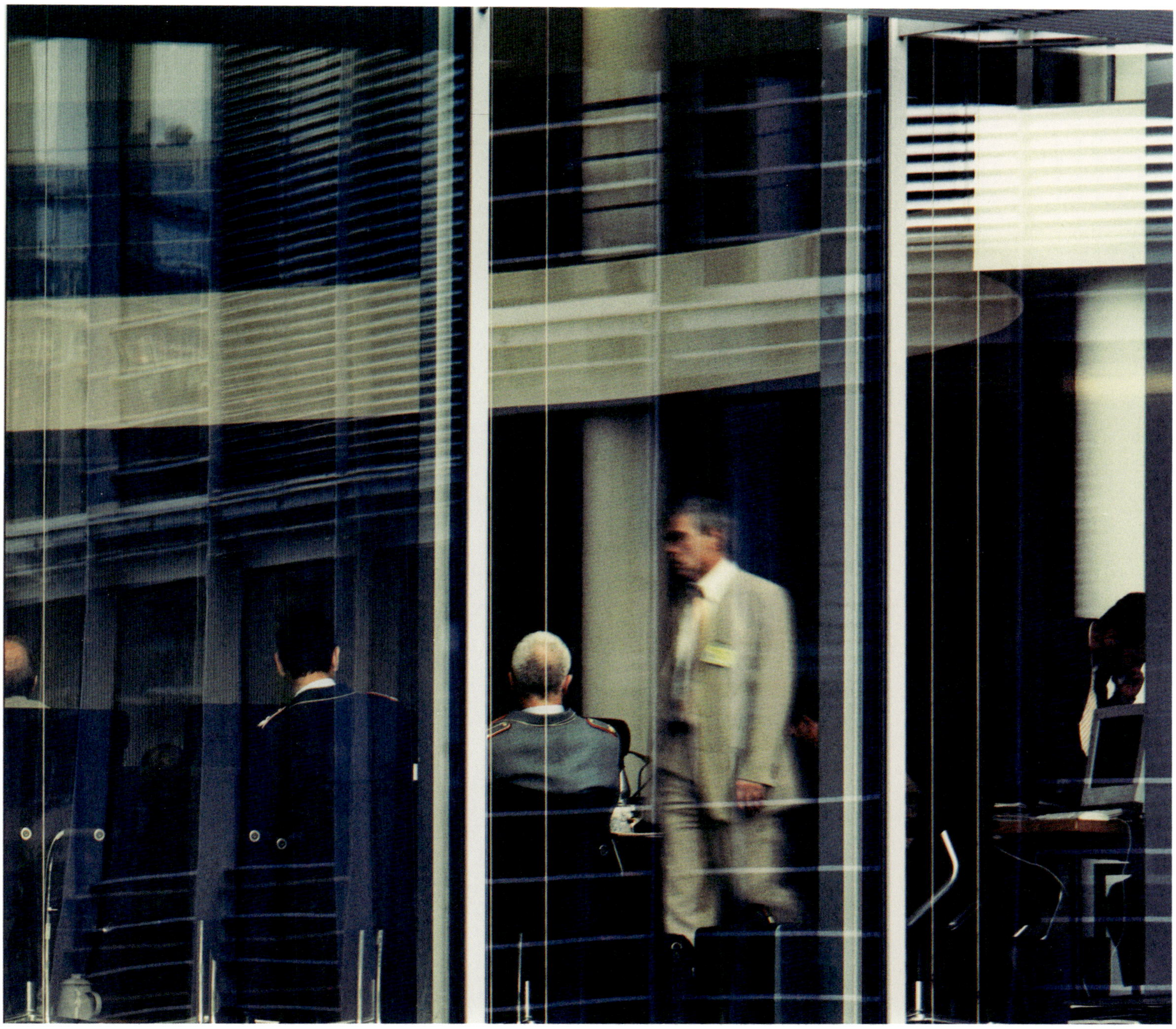

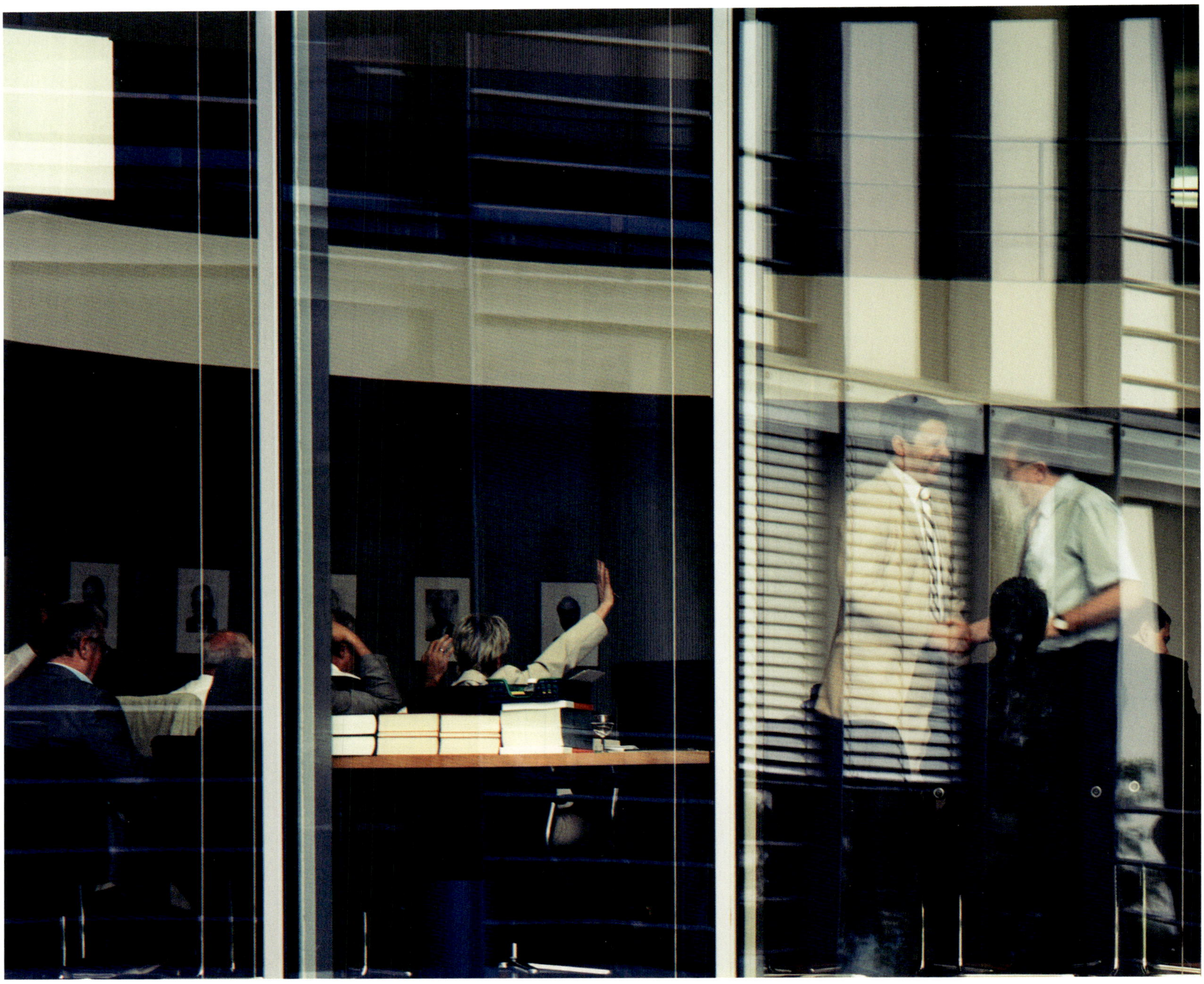

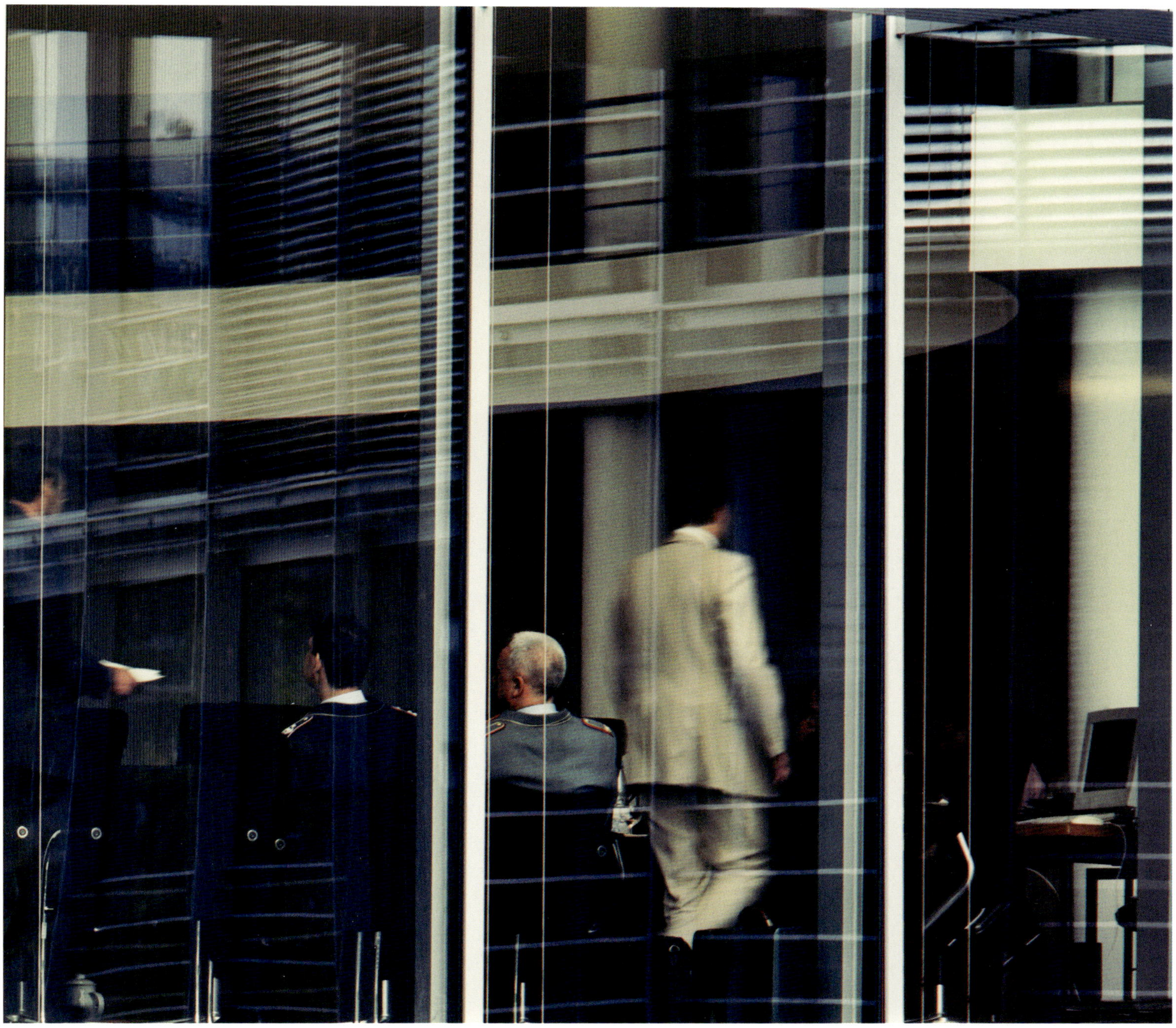

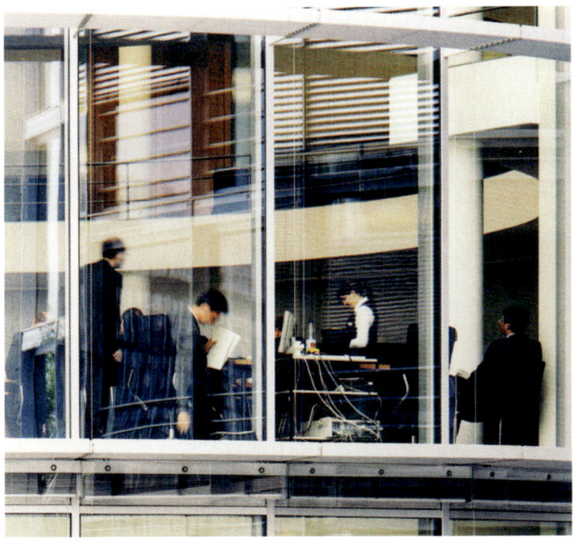
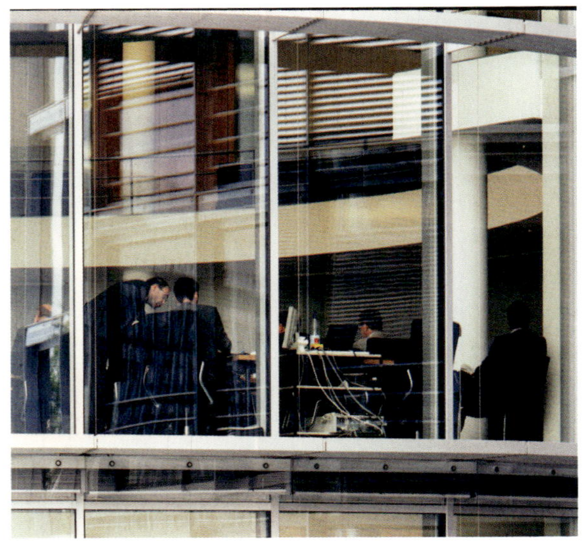
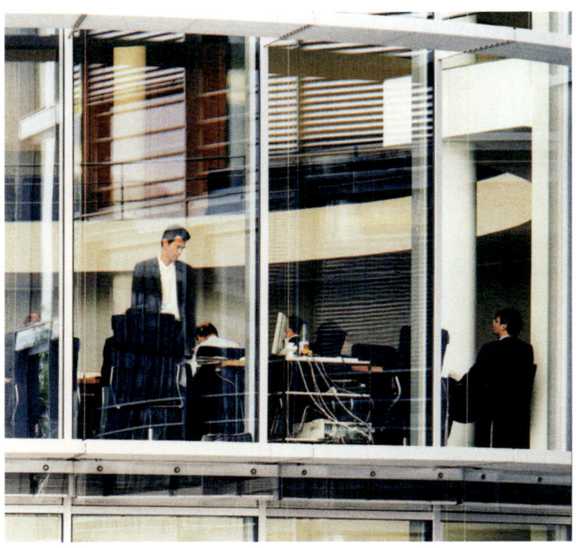
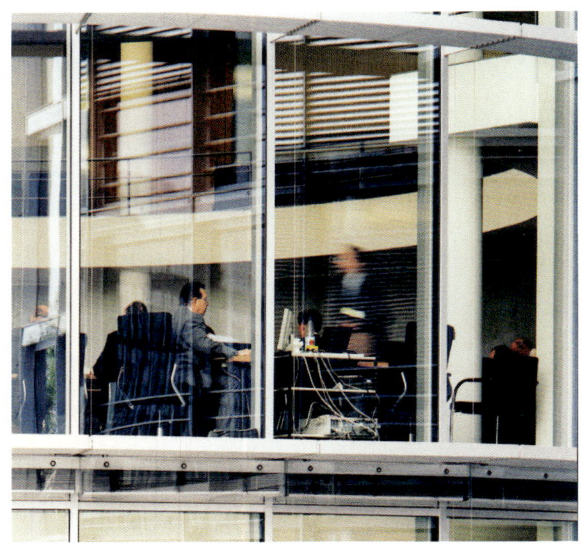
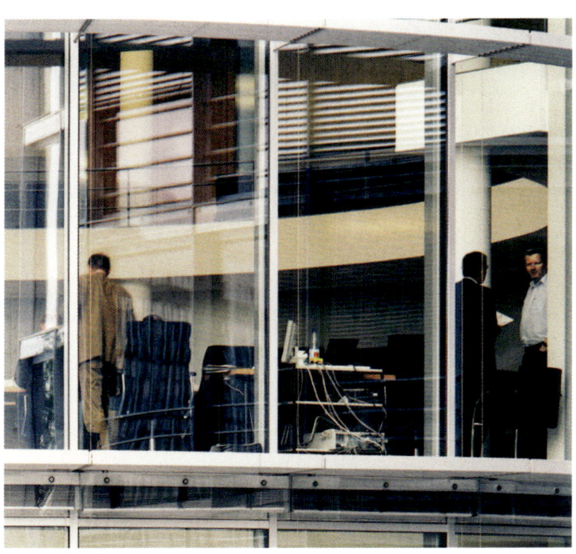
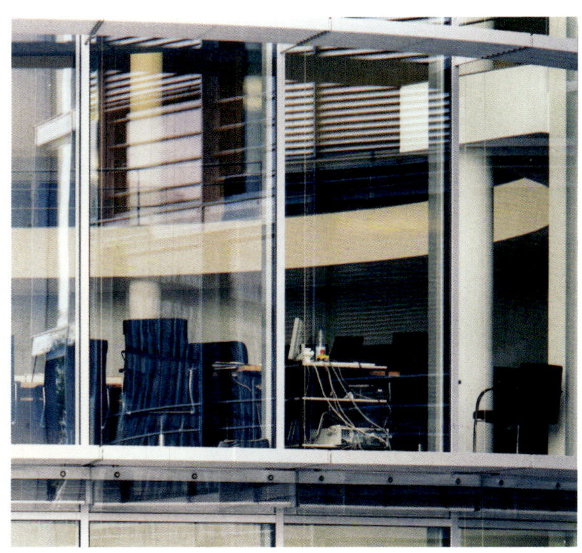

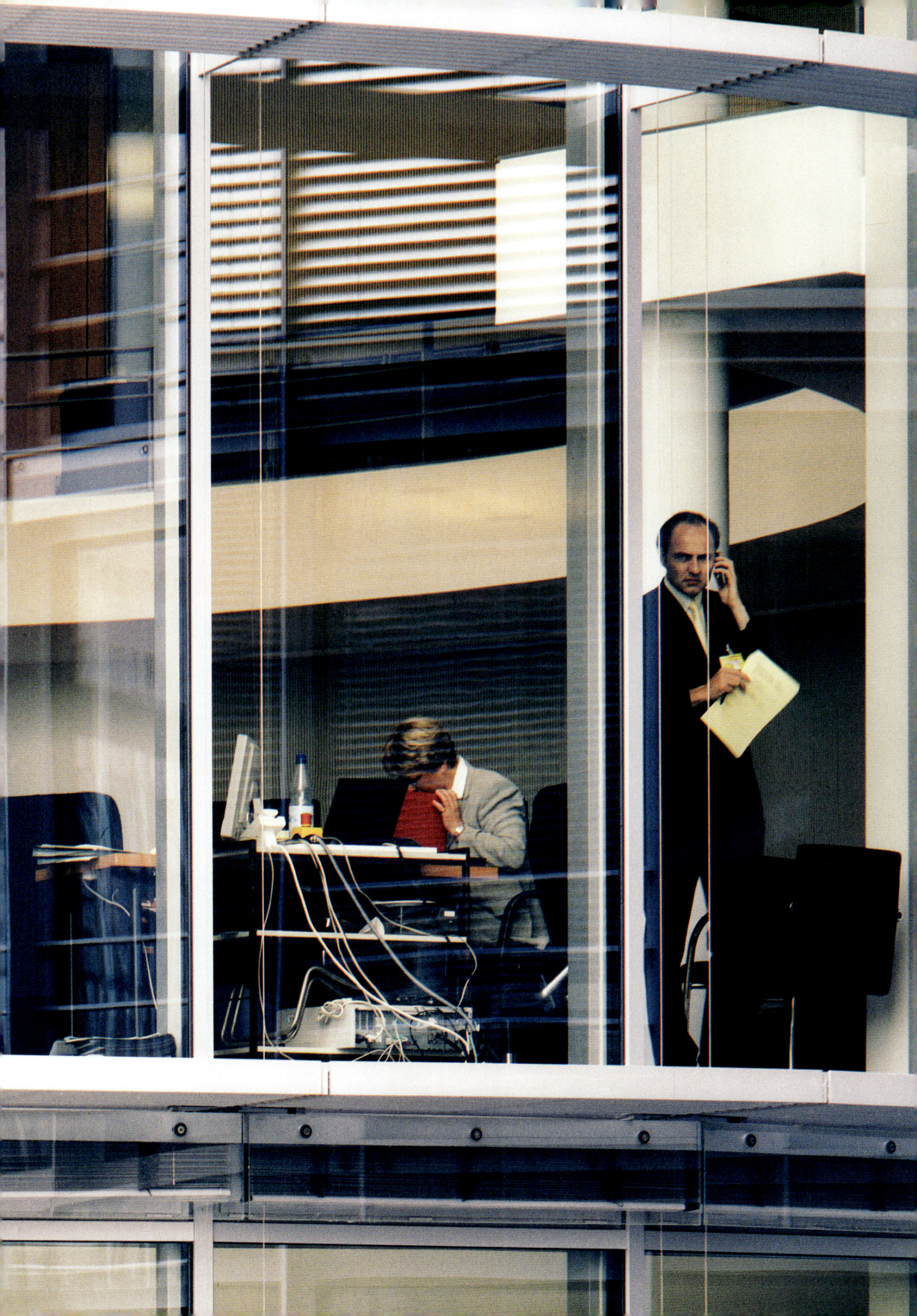

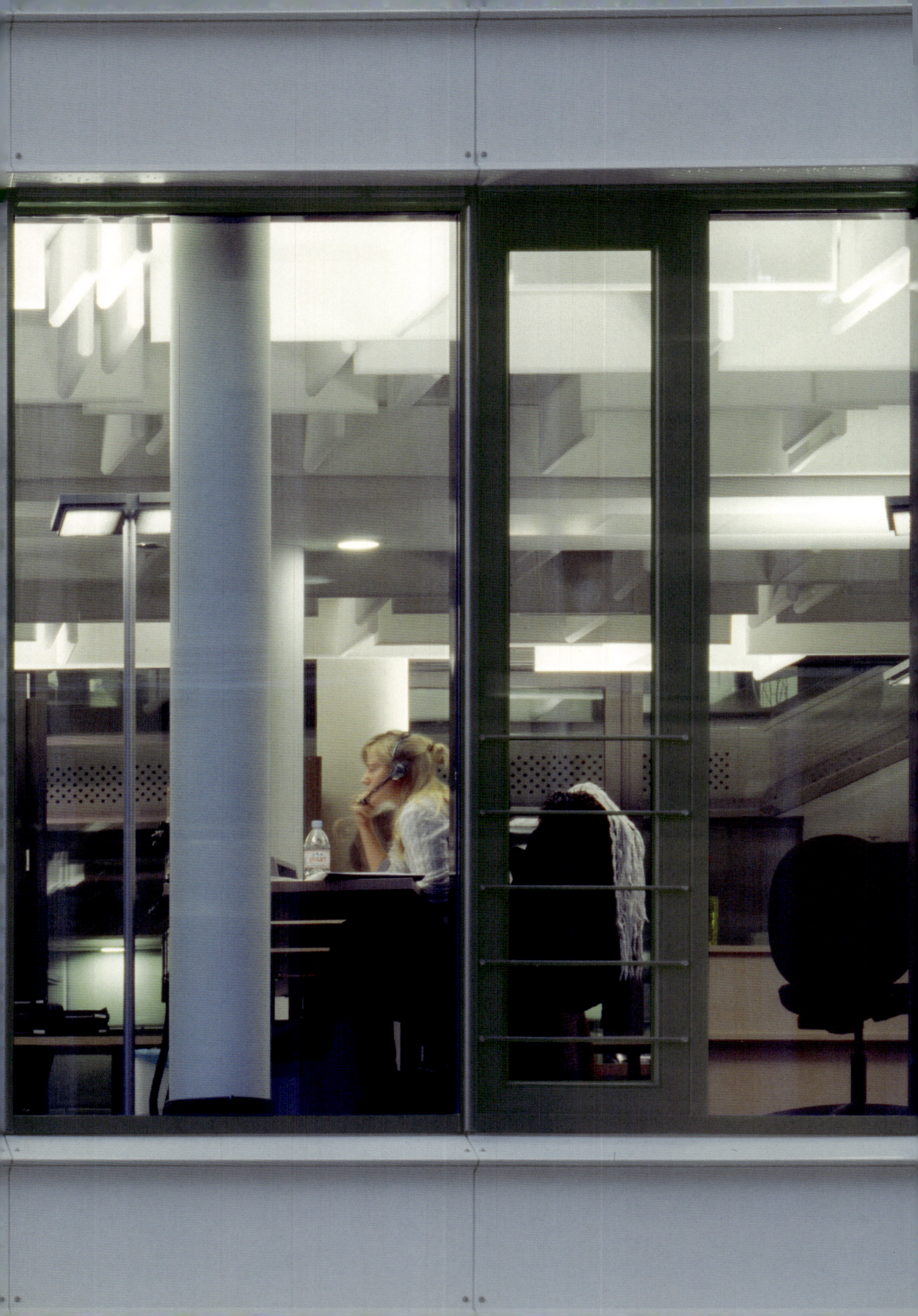

EYE CONTACT

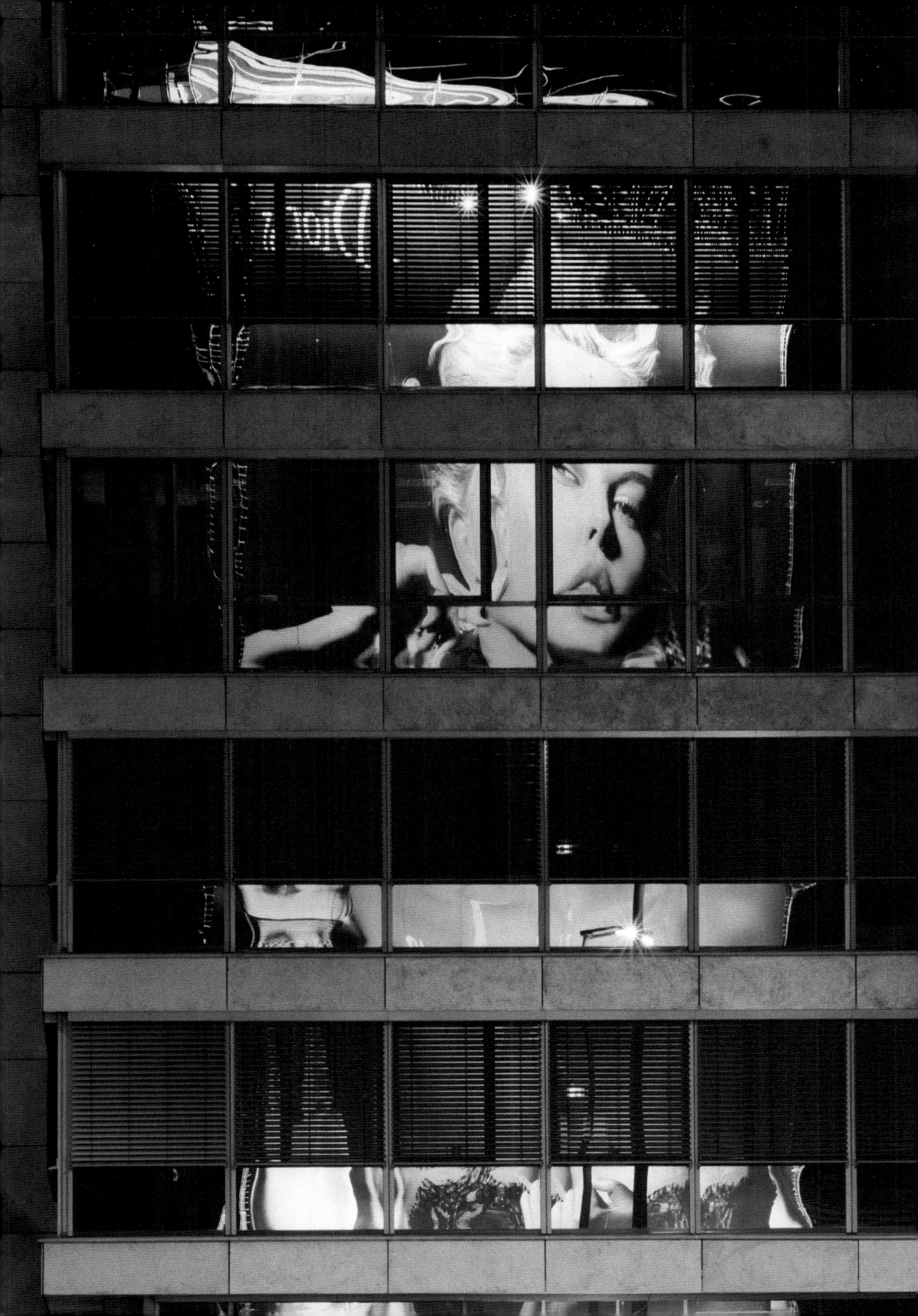

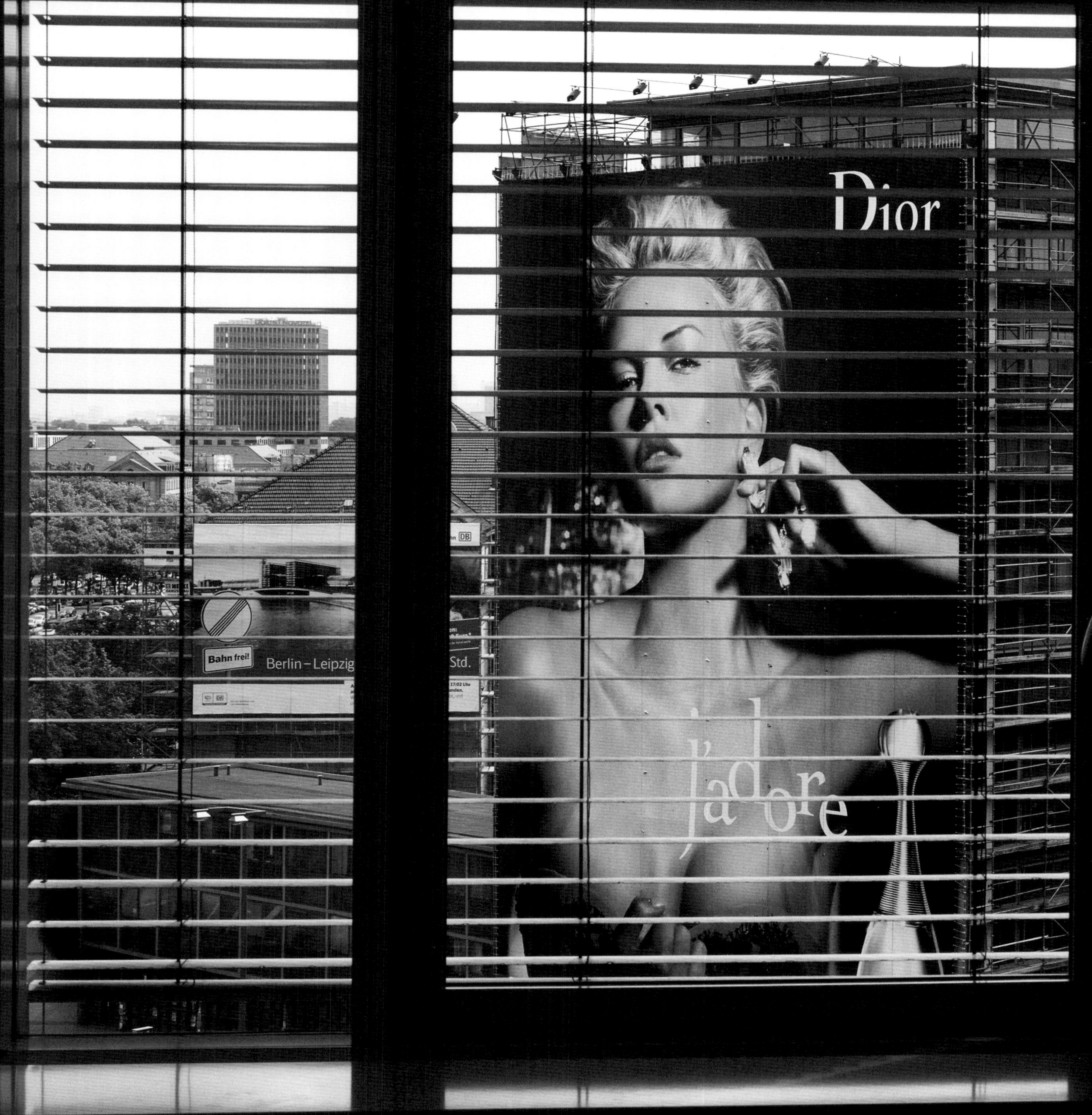
Dior
j'adore
Bahn frei!
Berlin – Leipzig
Std.
DB

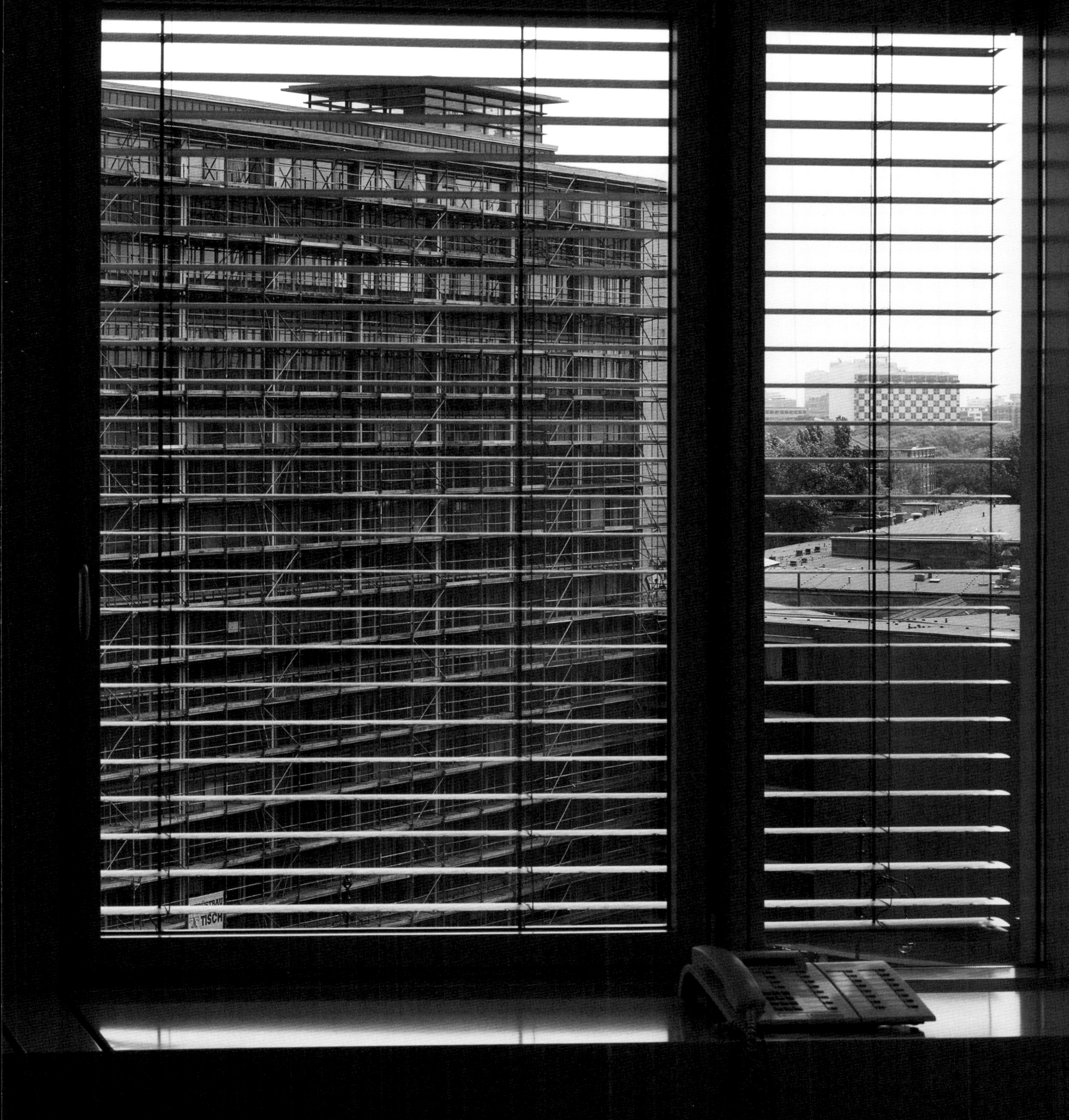

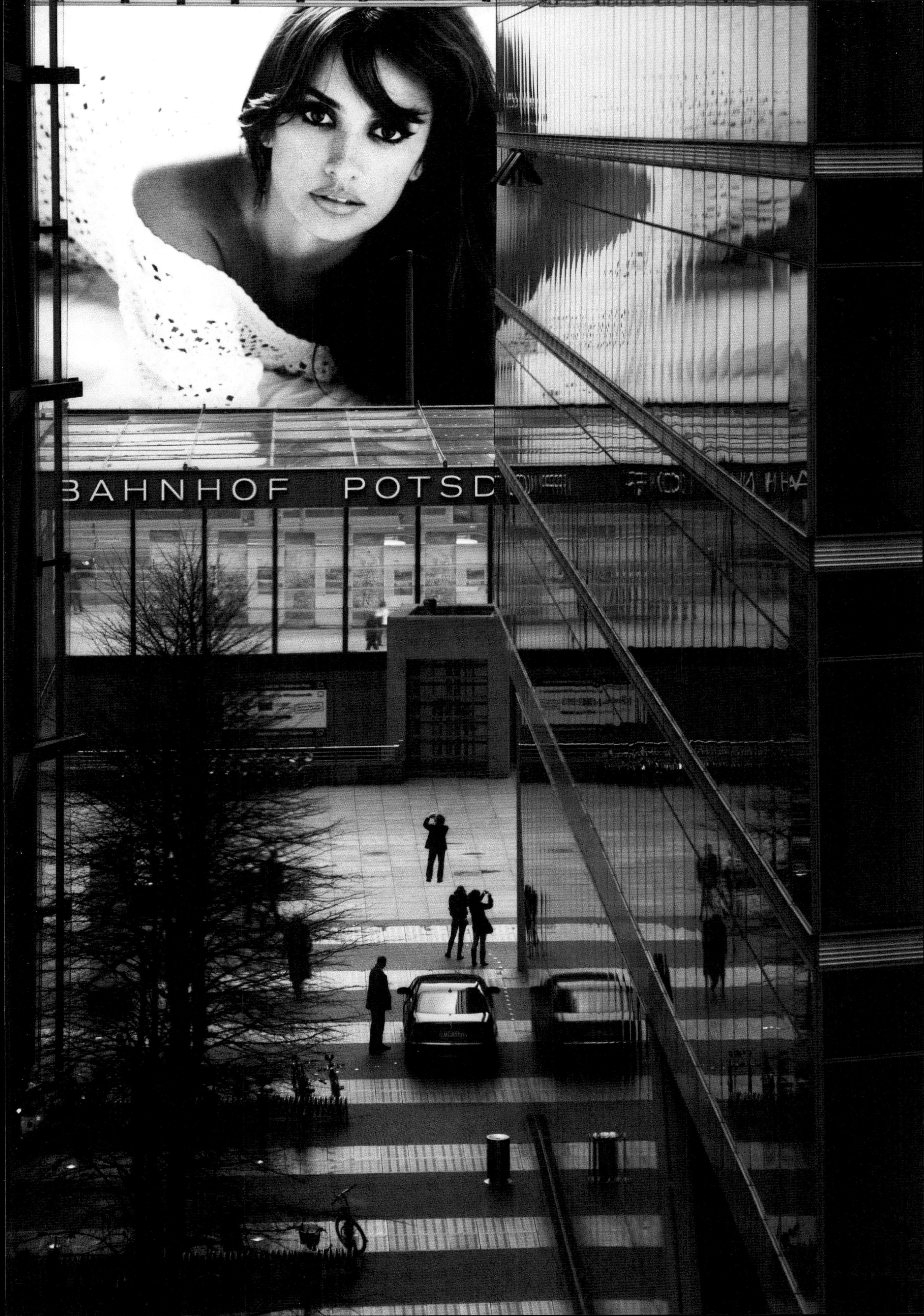
BAHNHOF POTSD

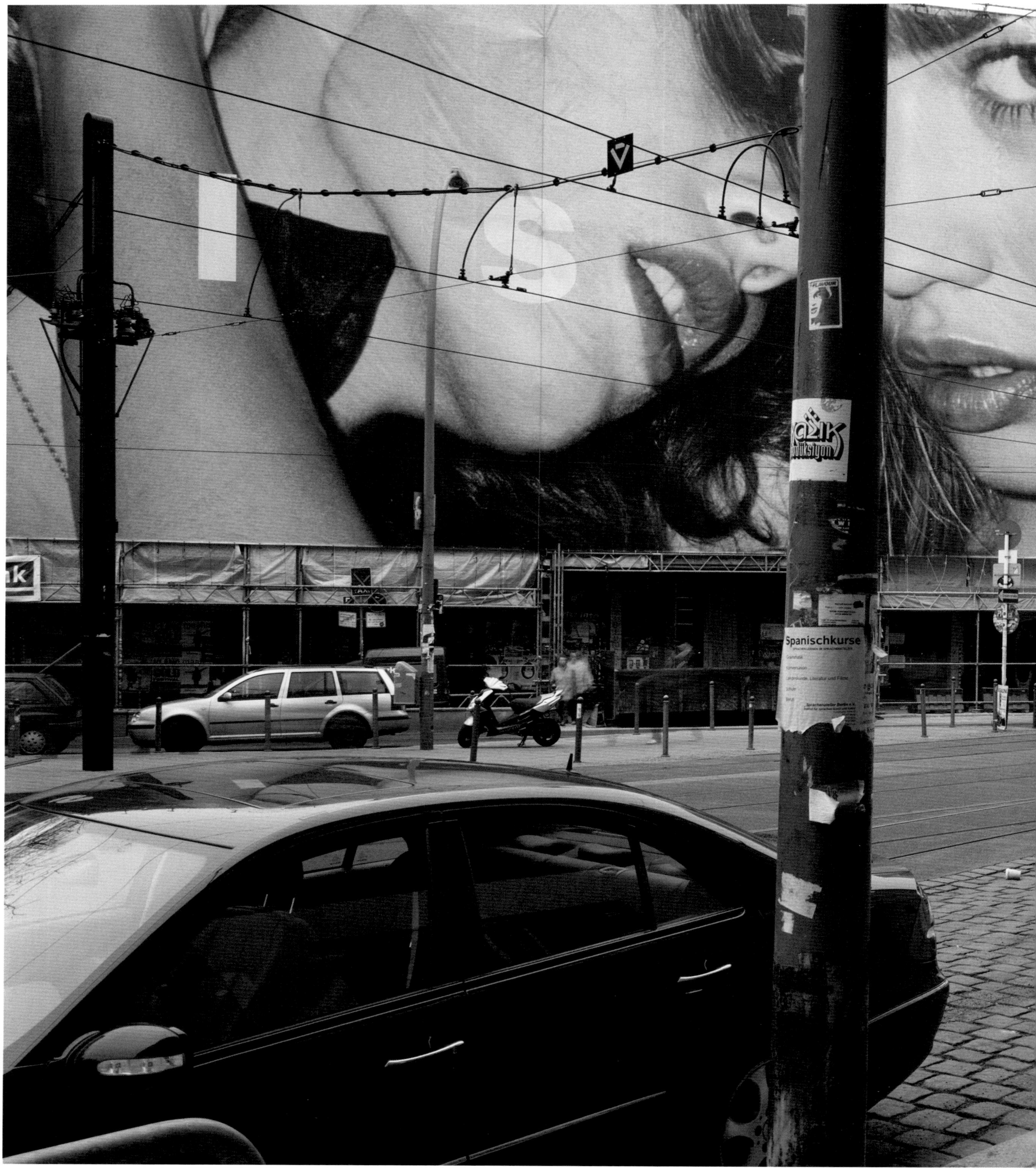
Spanischkurse

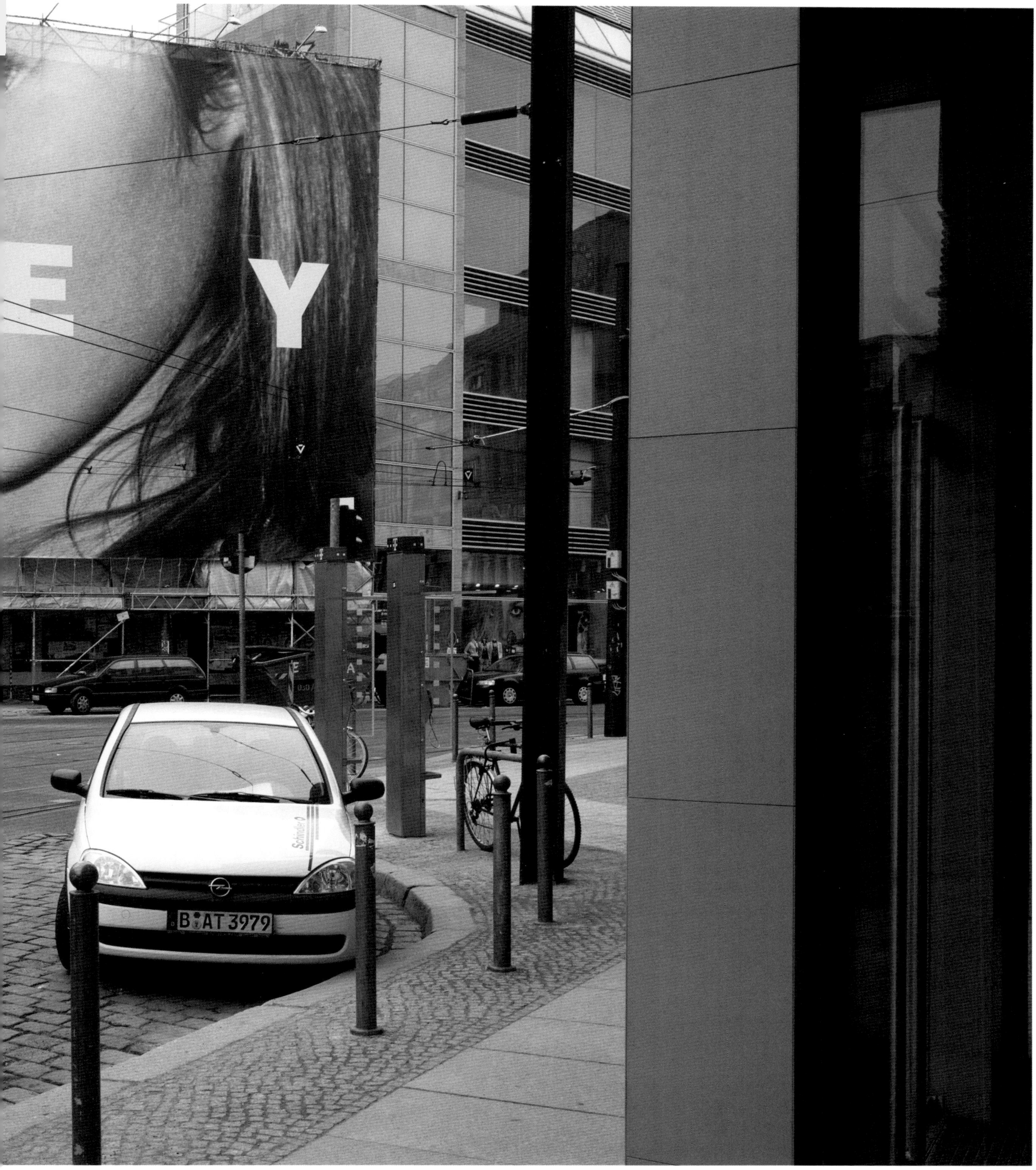
E Y
B AT 3979

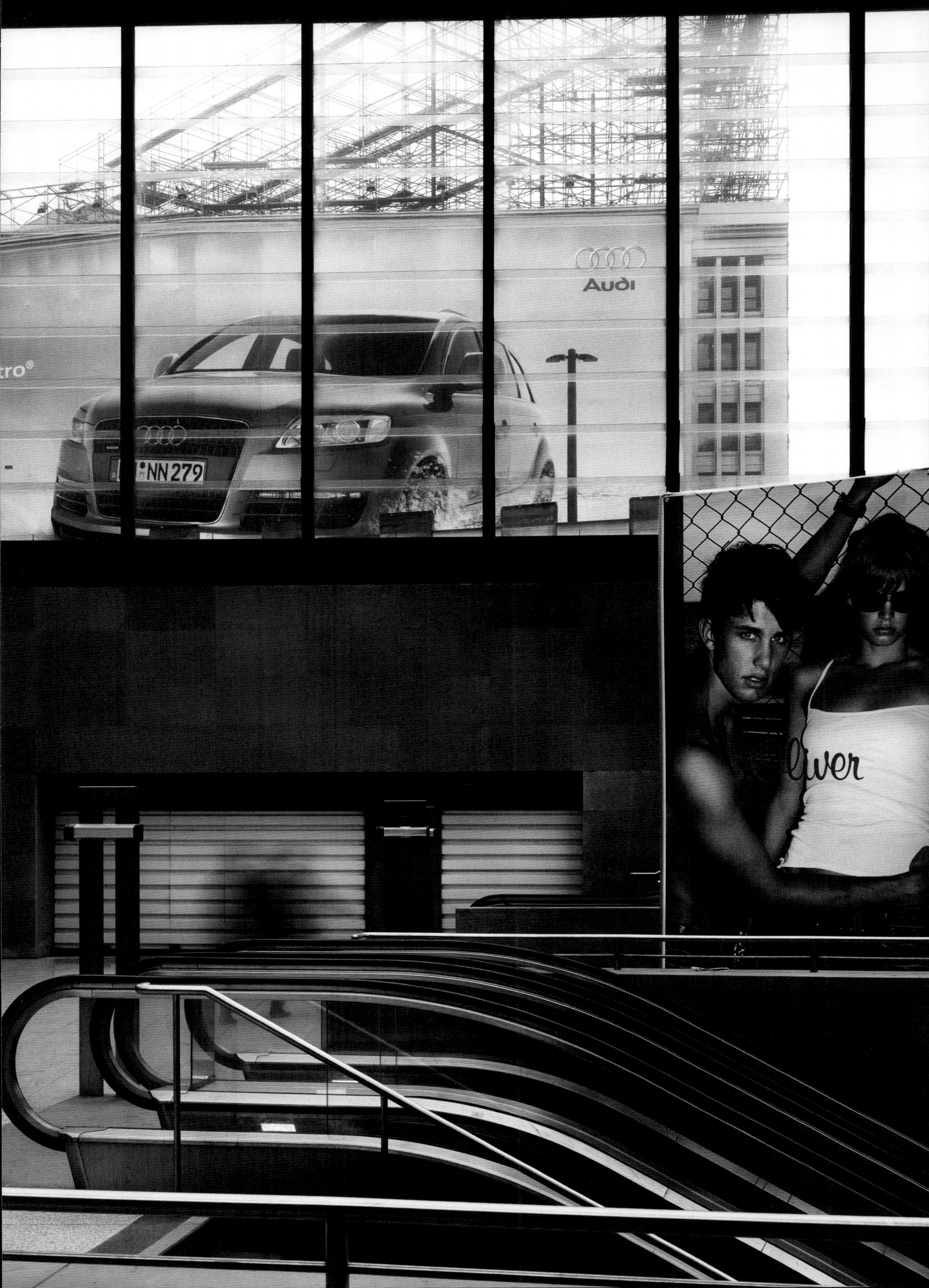
Audi
NN 279
liver

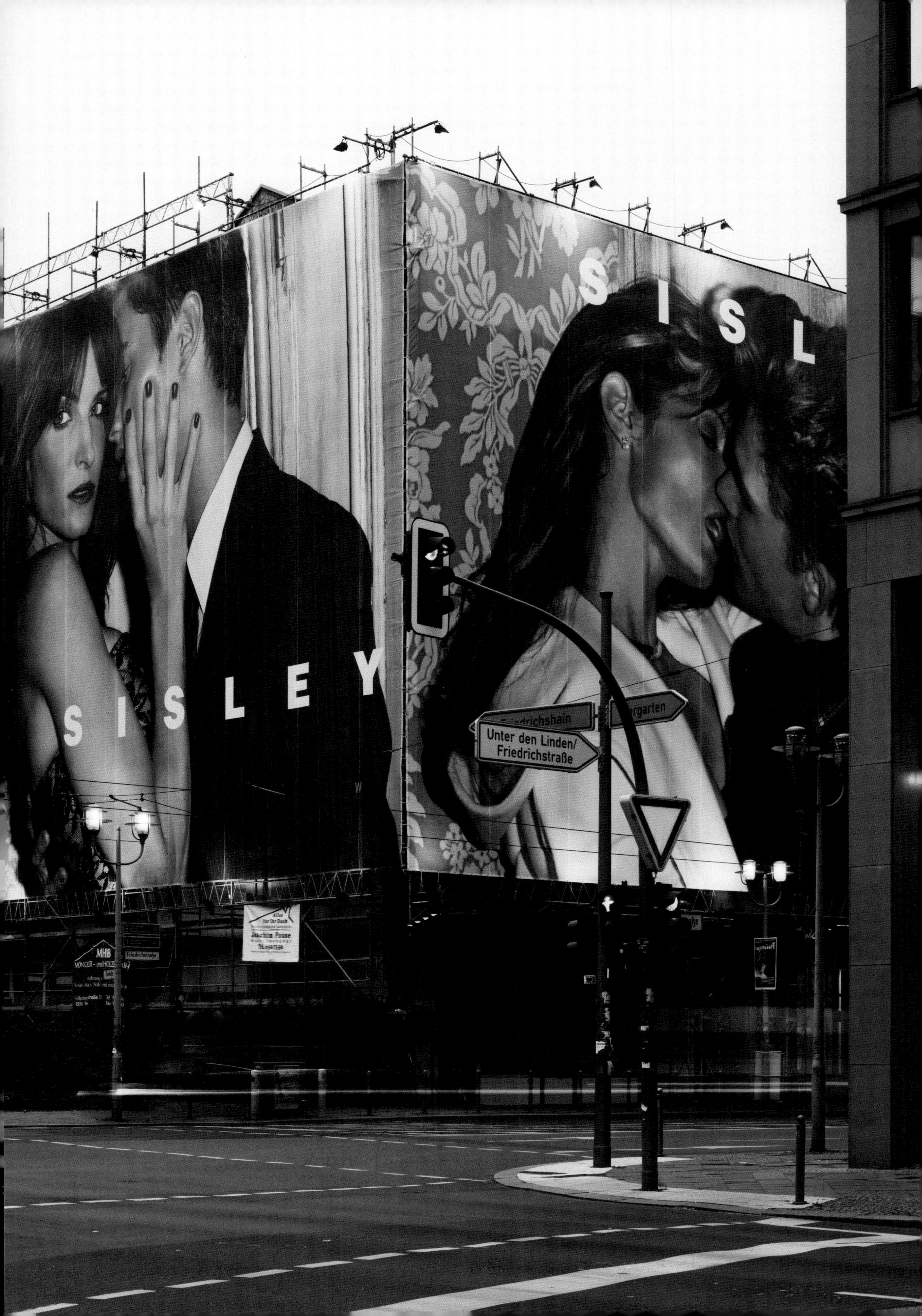
SISLEY
SISL
Friedrichshain
Unter den Linden/
Friedrichstraße

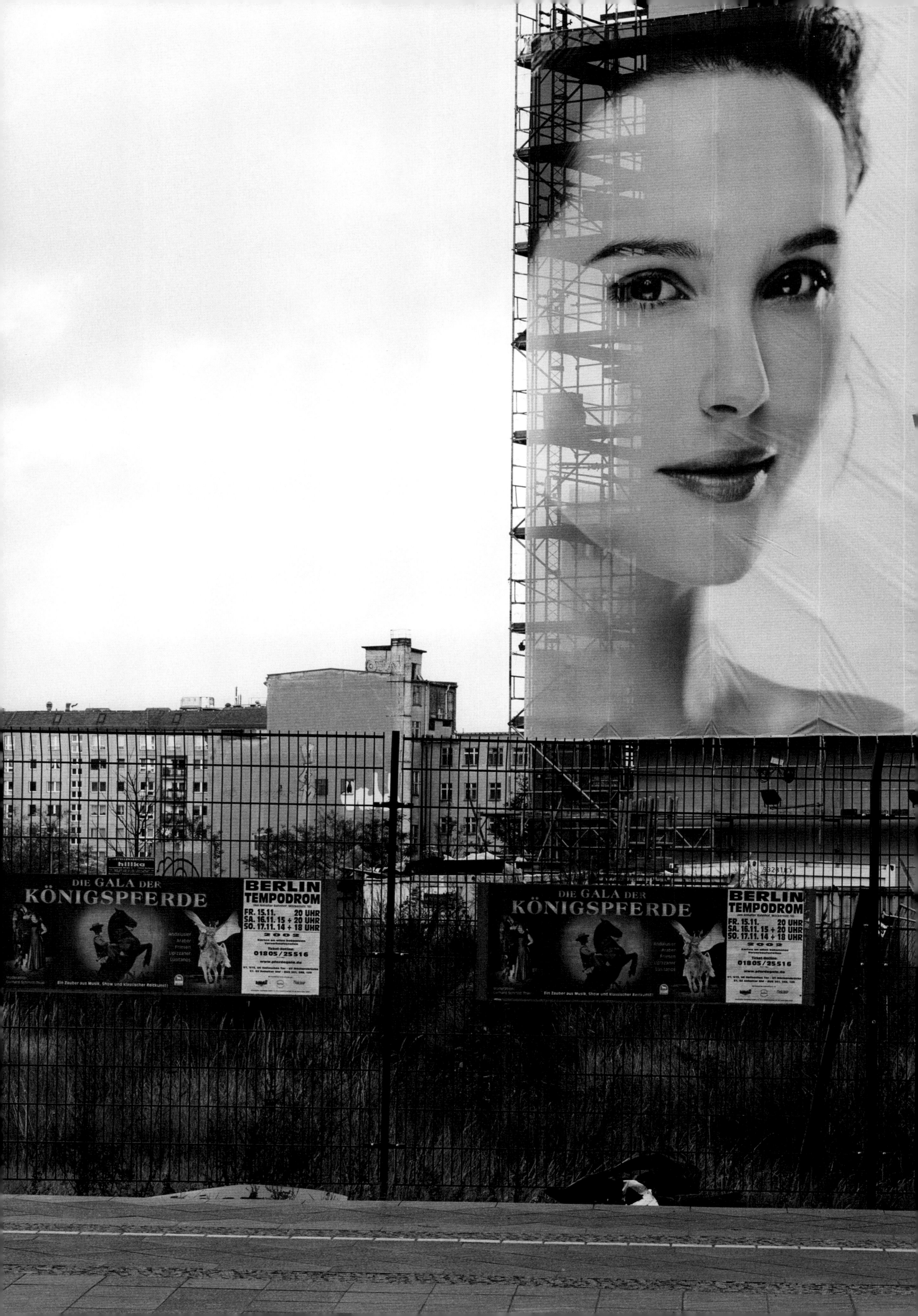
DIE GALA DER
KÖNIGSPFERDE
BERLIN
TEMPODROM
FR. 15.11. 20 UHR
SA. 16.11. 15 + 20 UHR
SO. 17.11. 14 + 18 UHR
2002
01805/25516
DIE GALA DER
KÖNIGSPFERDE
BERLIN
TEMPODROM
FR. 15.11. 20 UHR
SA. 16.11. 15 + 20 UHR
SO. 17.11. 14 + 18 UHR
2002
01805/25516

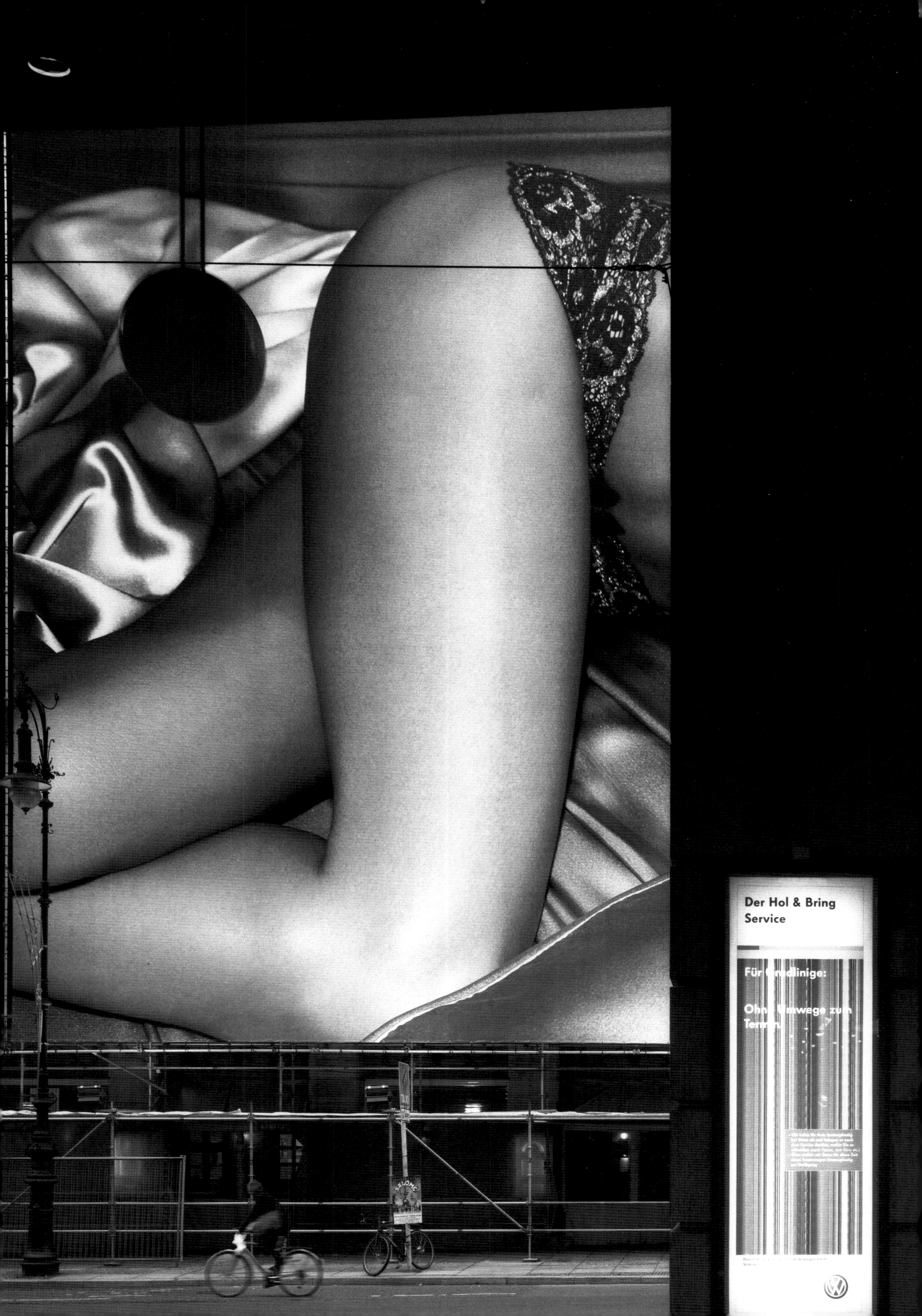
Der Hol & Bring
Service

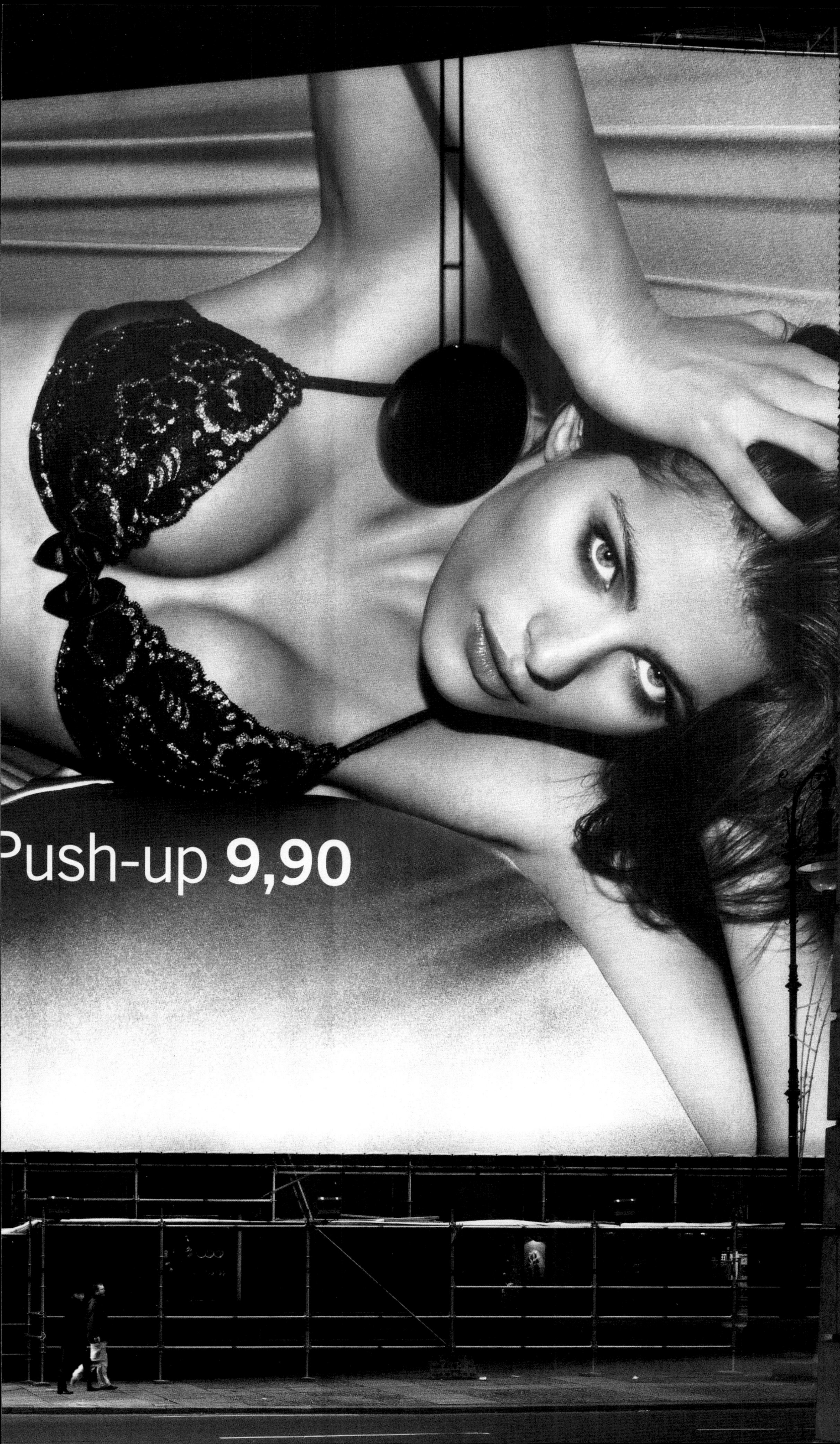
Push-up 9,90

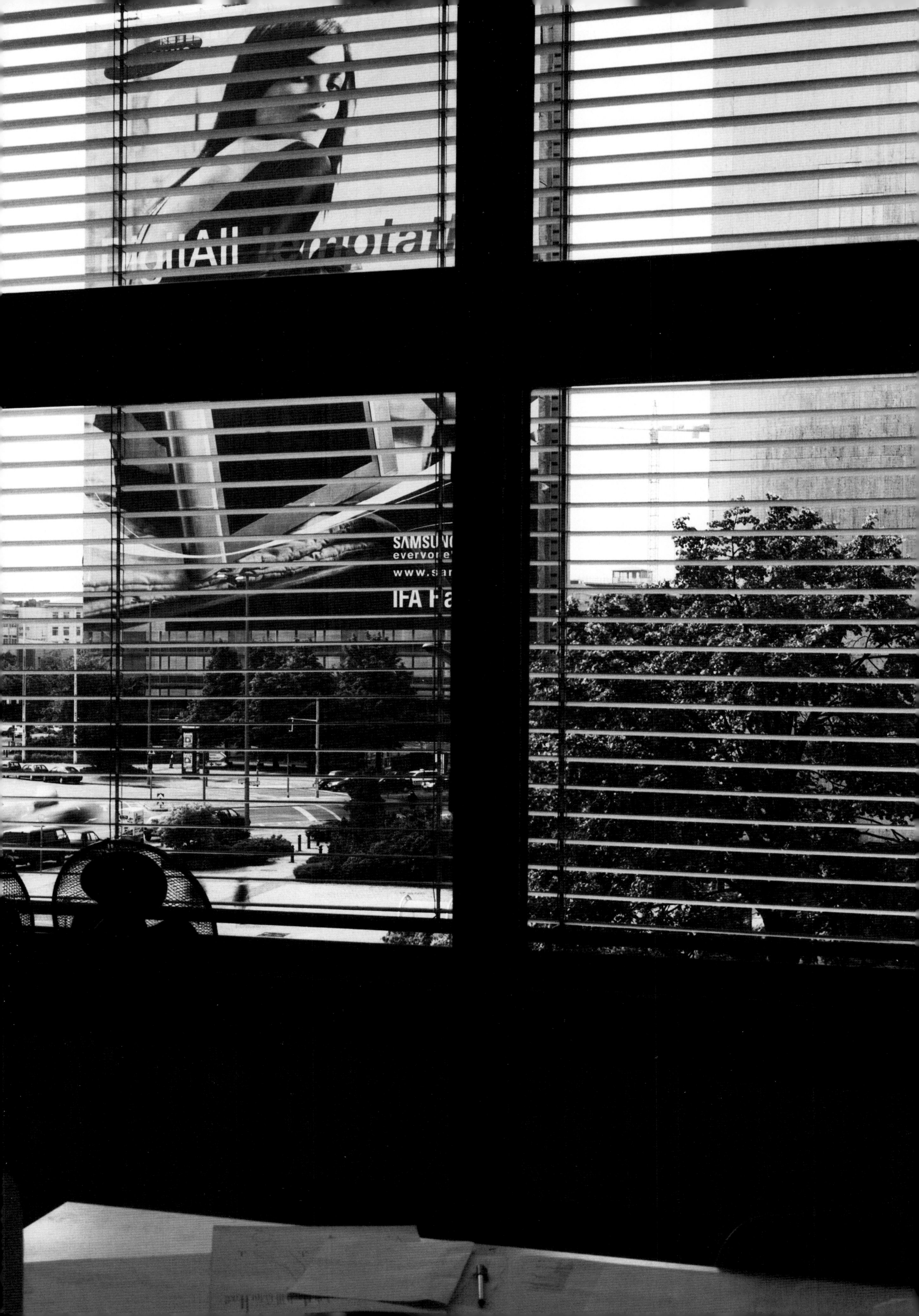
SAMSUN
www.sa
IFA Fa

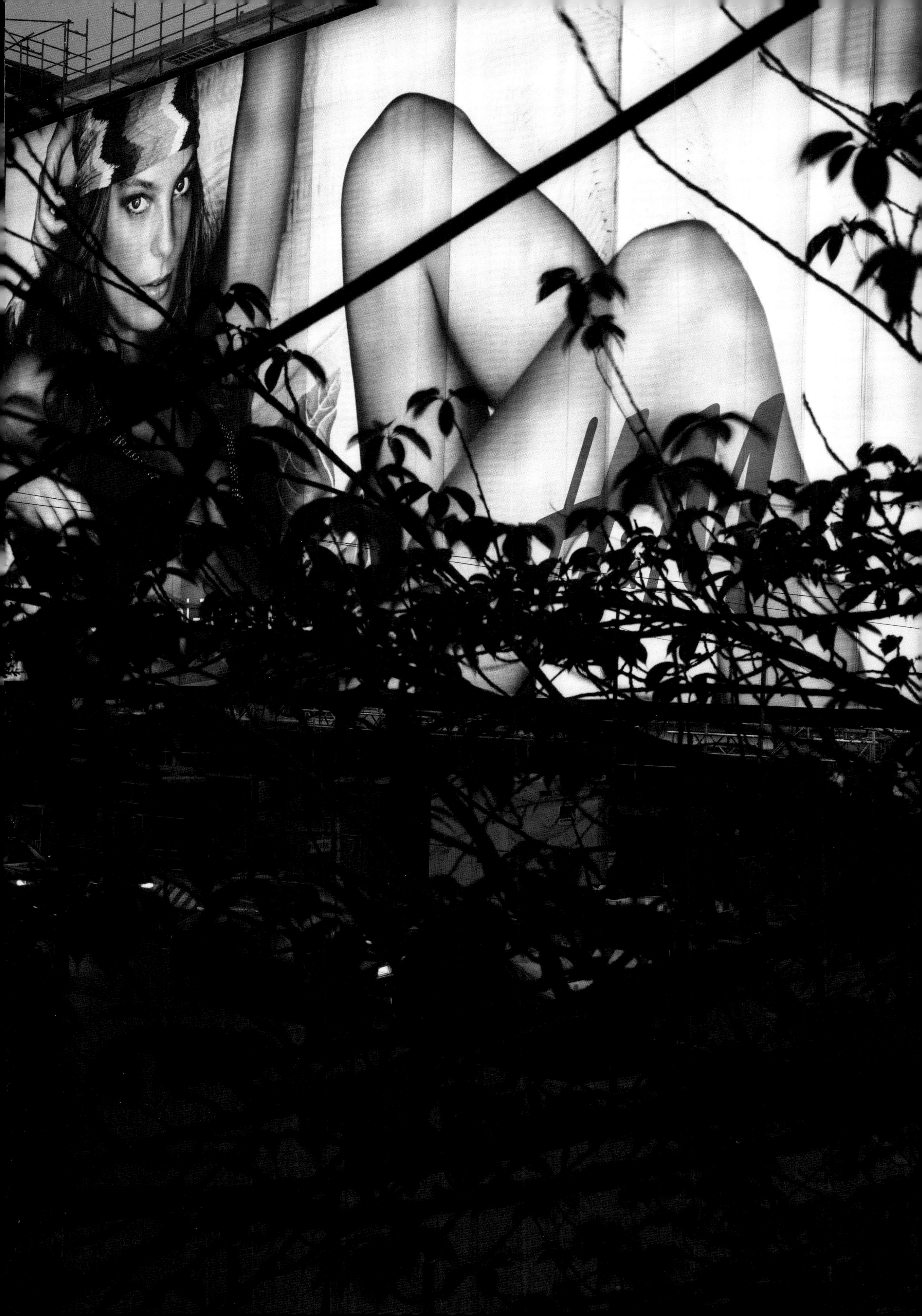

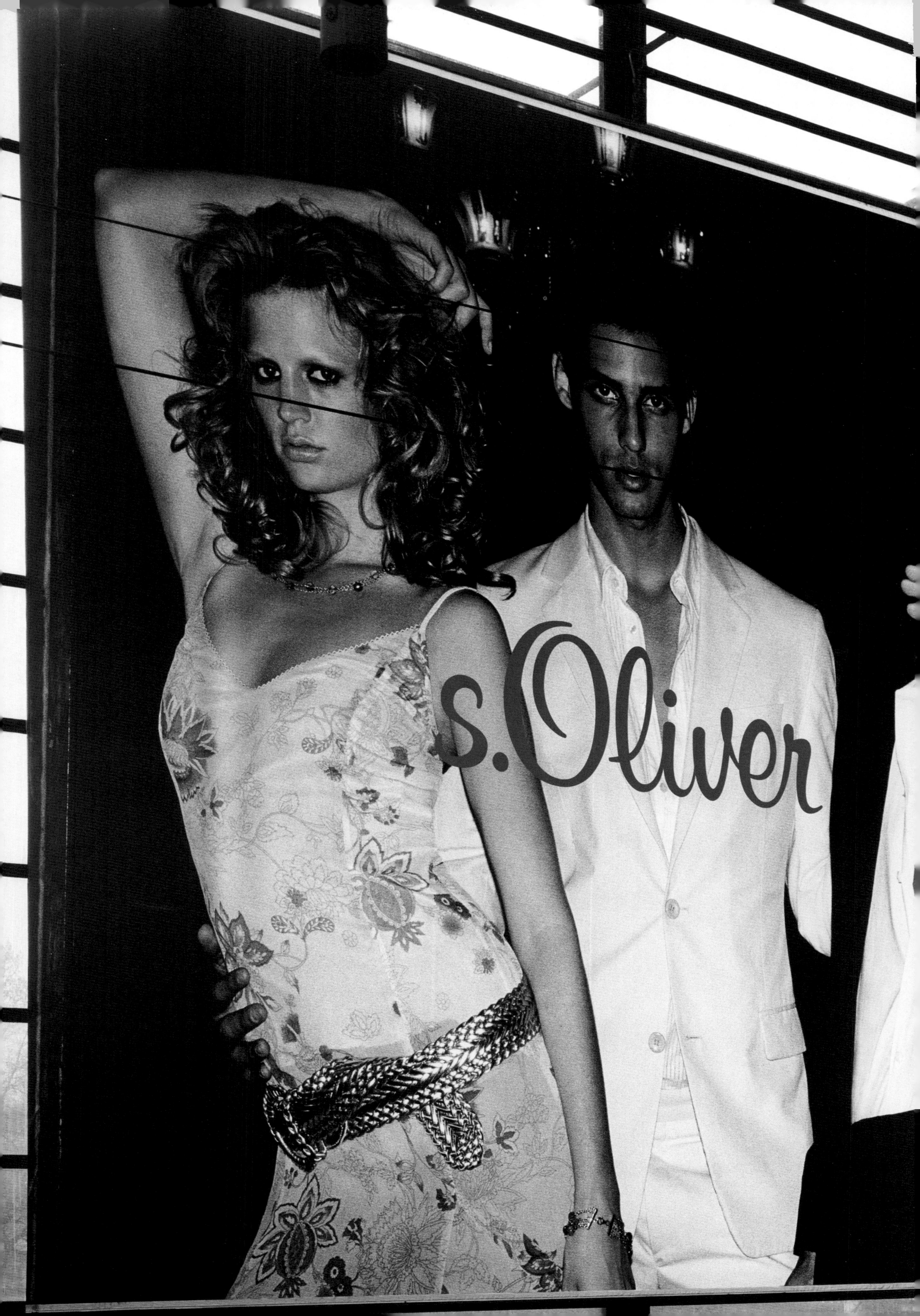
s.Oliver

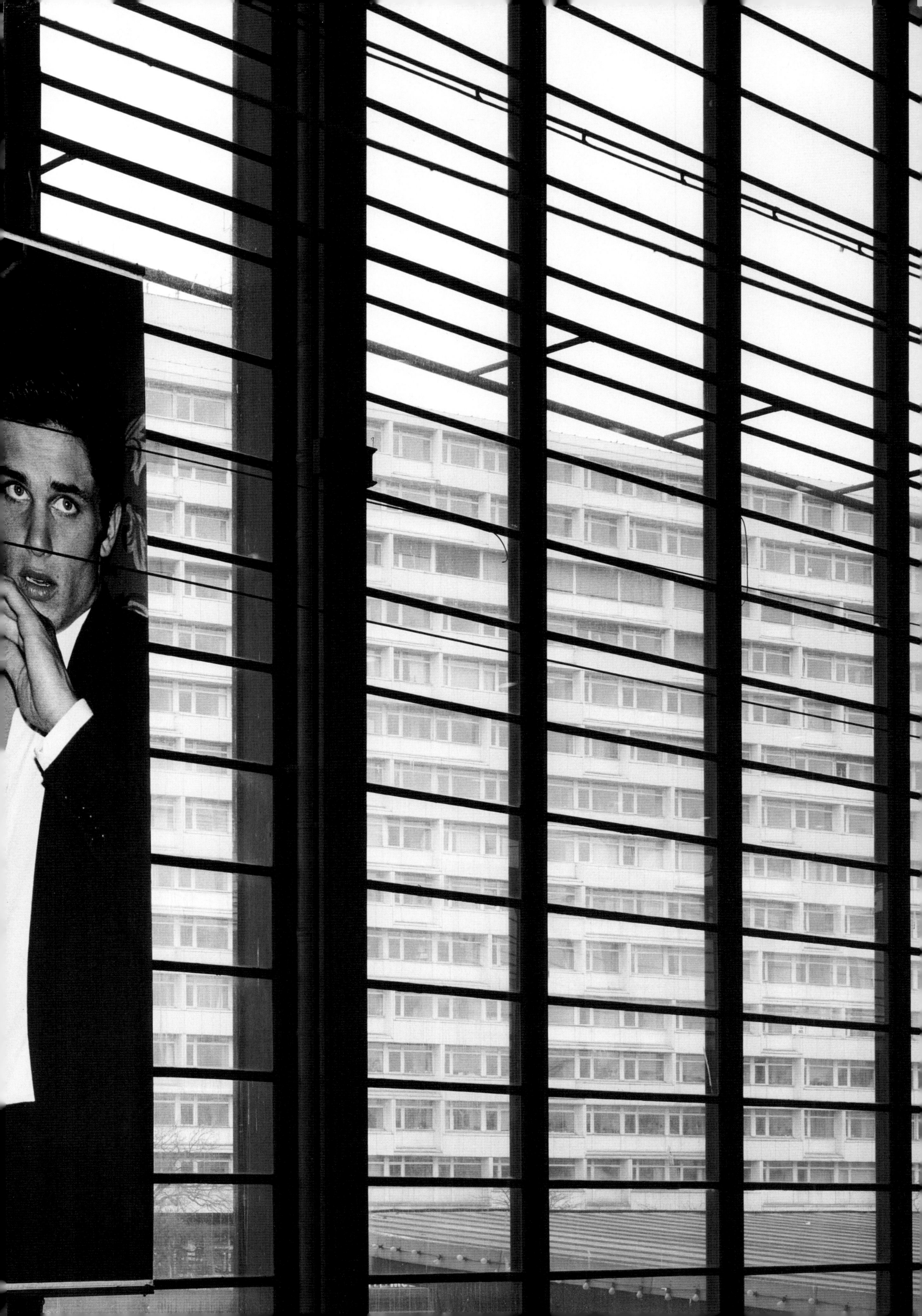

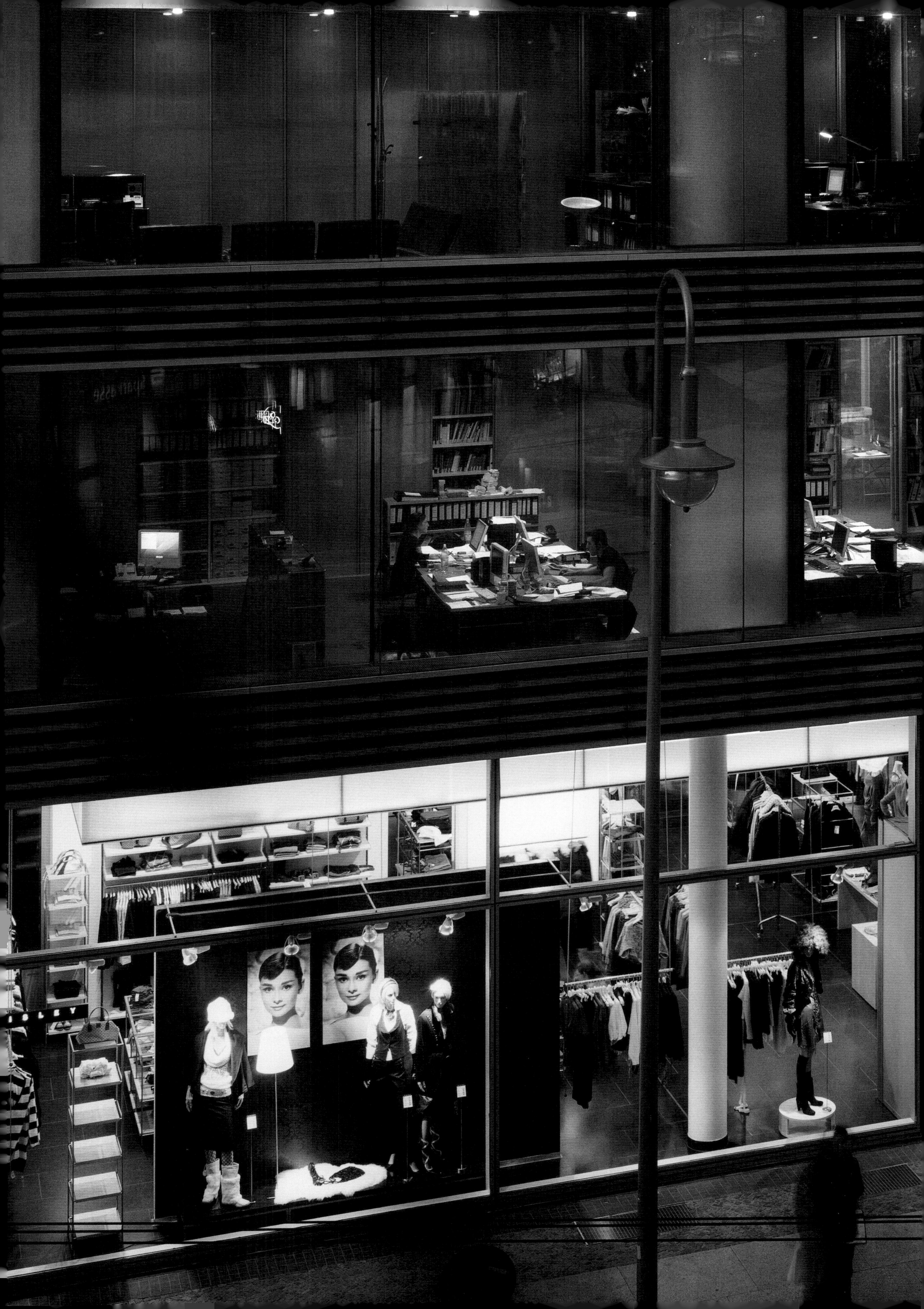

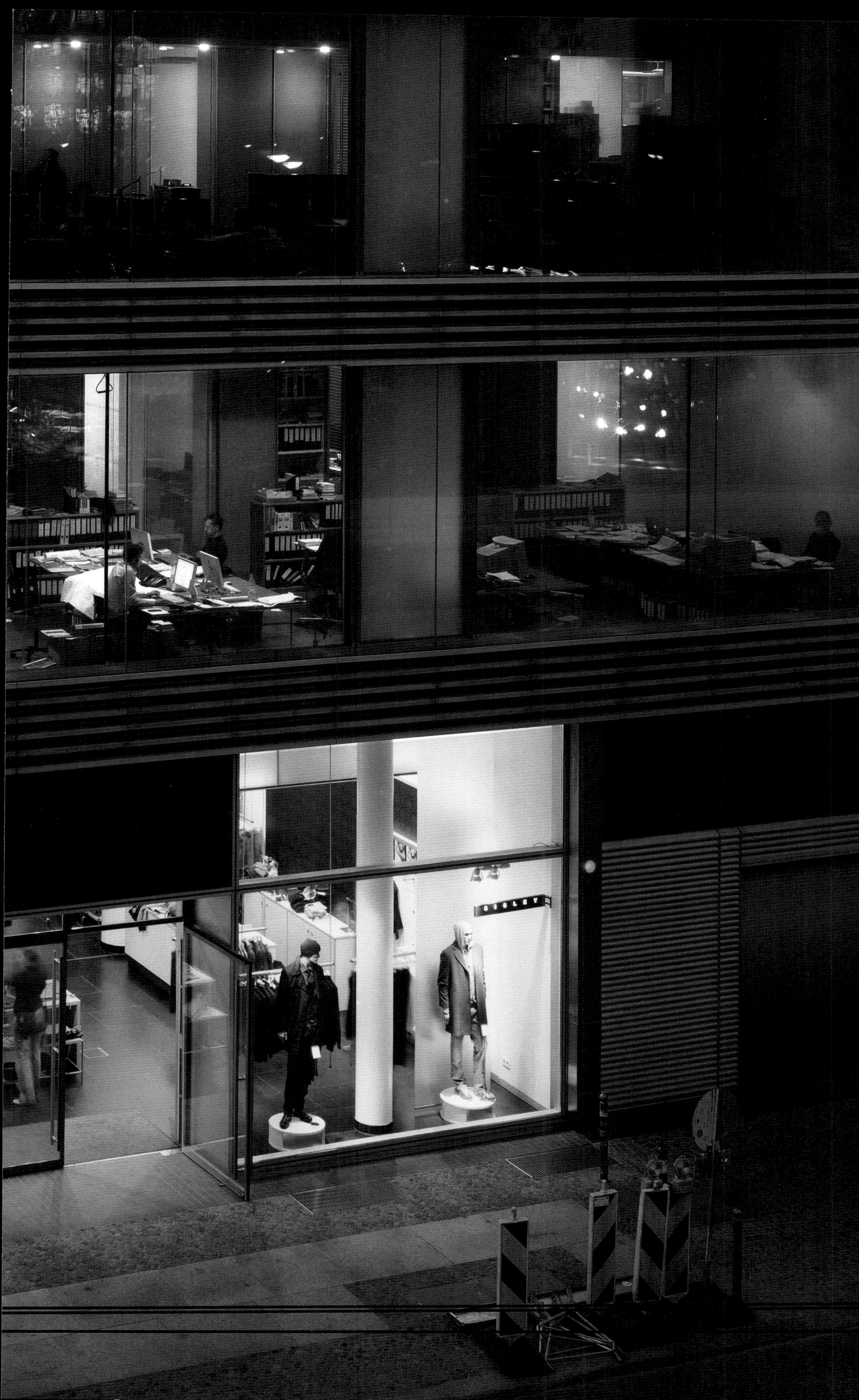

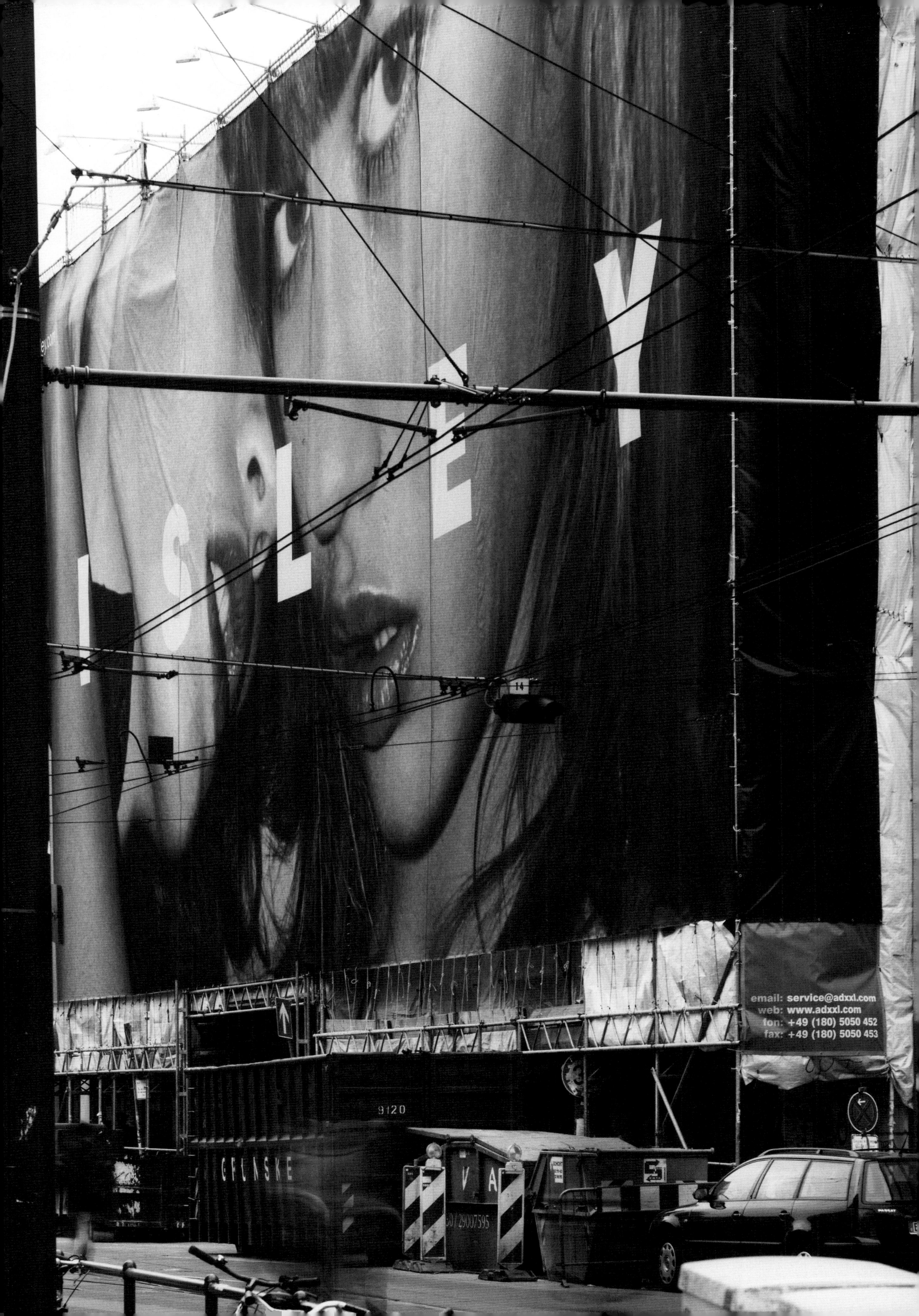

SISLEY
email: service@adxxl.com
web: www.adxxl.com
fon: +49 (180) 5050 452
fax: +49 (180) 5050 453
9120

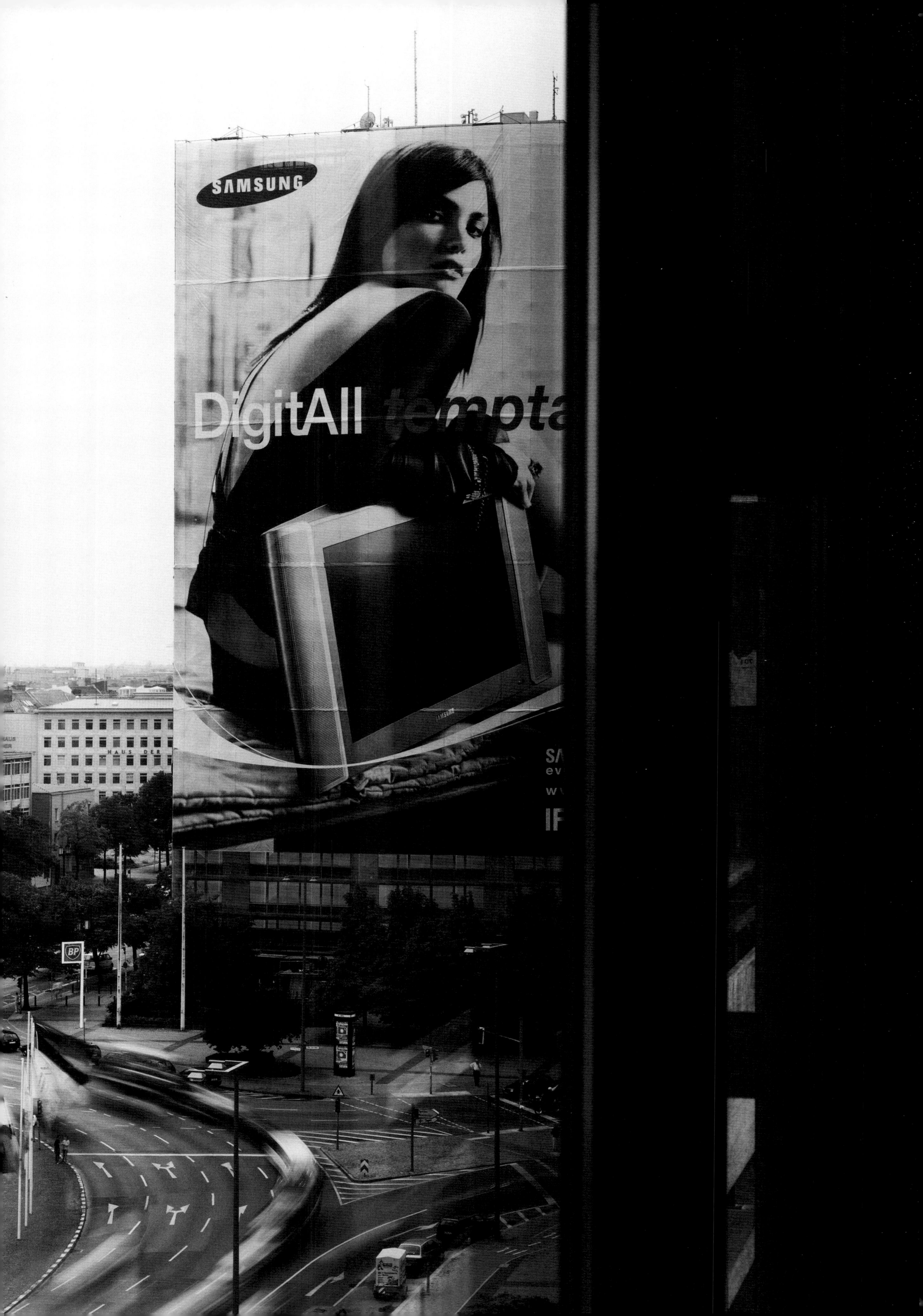
SAMSUNG
DigitAll tempta
HAUS DER
BP

INDEX

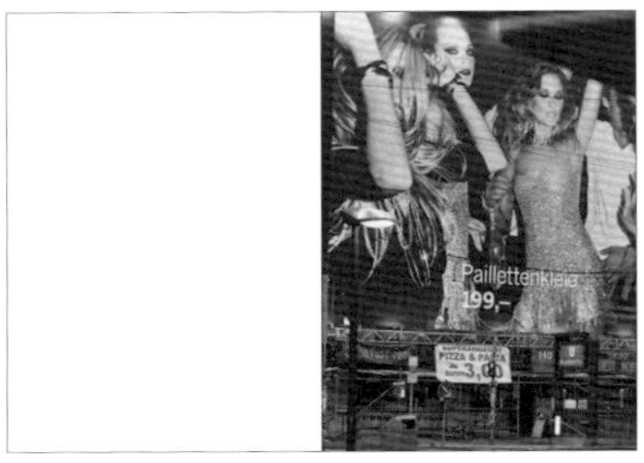

|01
Paillettenkleid
Berlin, Rosenthaler Platz
11-2007

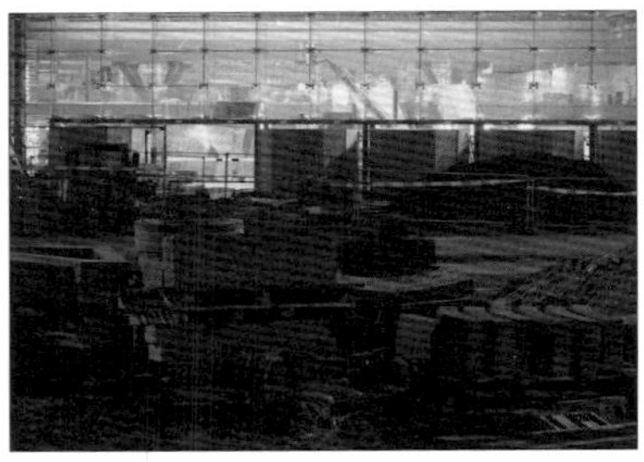

02|03
Nacht Nr. 1 / Night Nr. 1
Hauptbahnhof Berlin
3 - 2006

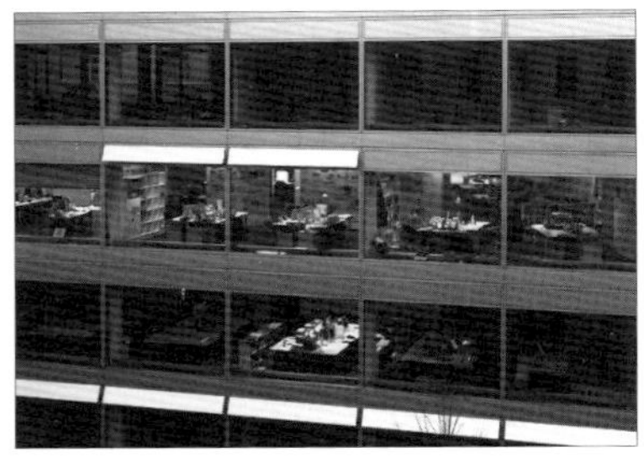

04|05
Büro Nr. 1 / Office Nr. 1
Berlin, Oranienburger Straße
4 - 2006

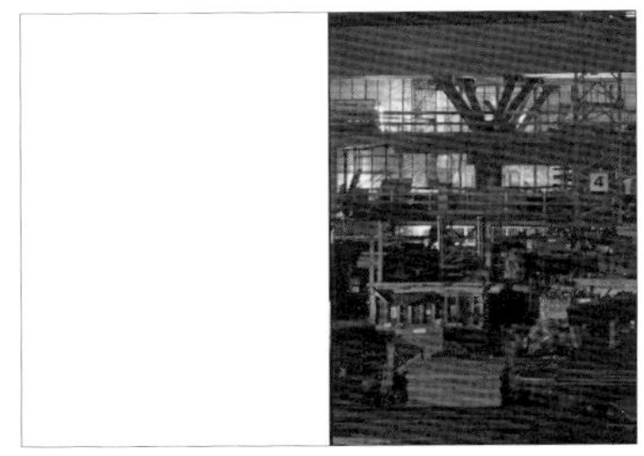

06|07
Bauarbeiten Nr. 1 / Works Nr. 1
Hauptbahnhof Berlin
12-2004

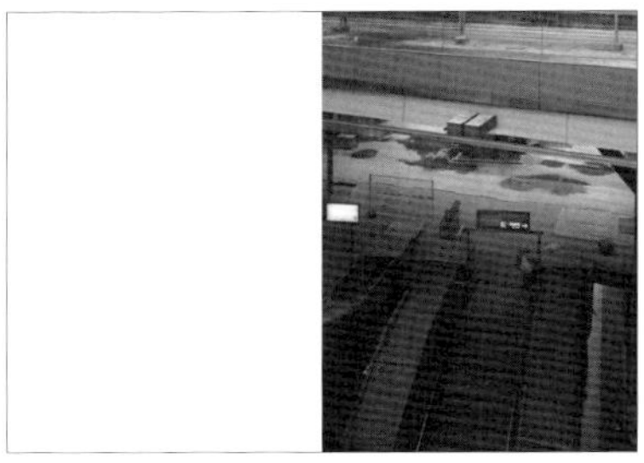

08|09
Tiefgeschoss Nr. 1 / Basement Nr. 1
Hauptbahnhof Berlin
3 - 2006

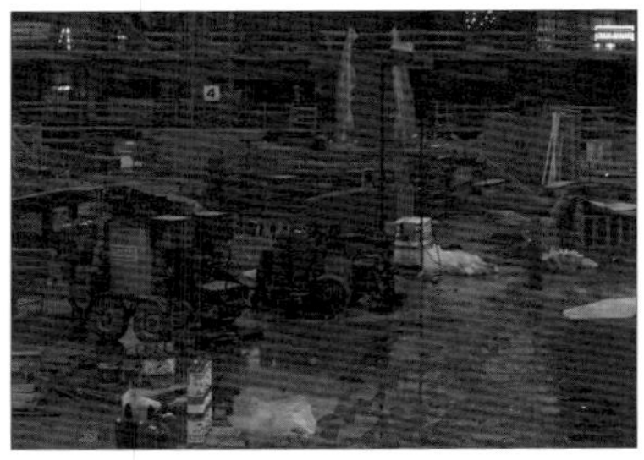

10|11
Bauarbeiten Nr. 2 / Works Nr. 2
Hauptbahnhof Berlin
12 - 2004

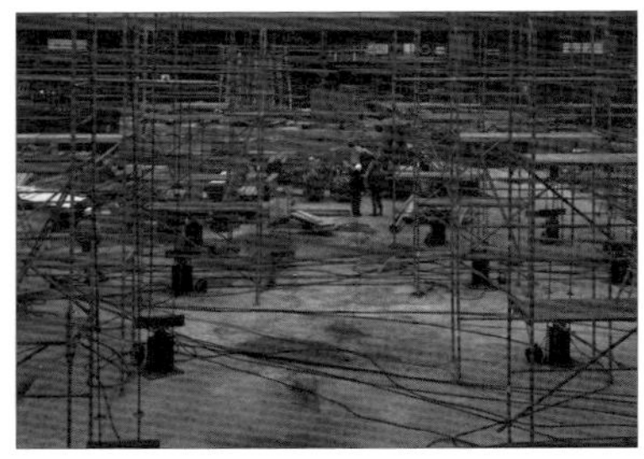

12|13
Bauarbeiten Nr. 3 / Works Nr. 3
Hauptbahnhof Berlin
12 - 2004

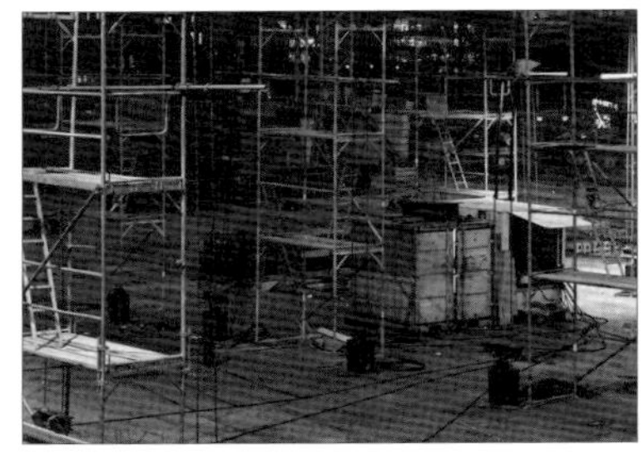

14|15
Bauarbeiten Nr. 4 / Works Nr. 4
Hauptbahnhof Berlin
12 - 2004

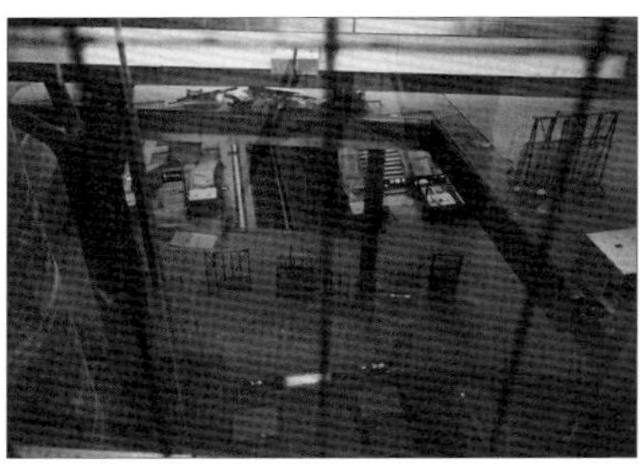

16|17
Tiefgeschoß Nr. 2 / Basement Nr. 2
Hauptbahnhof Berlin
3 - 2006

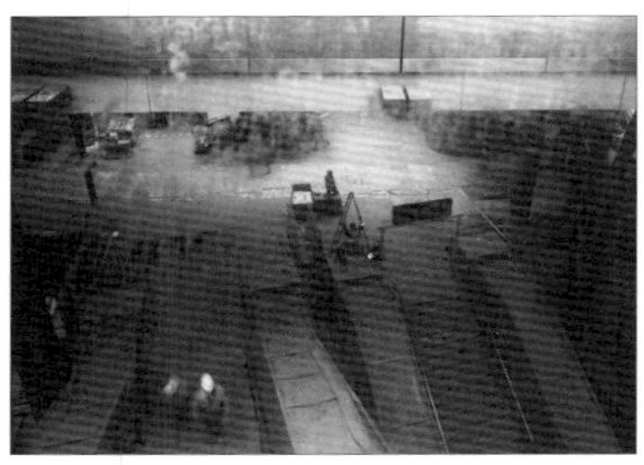

18|19
Tiefgeschoß Nr. 3 / Basement Nr. 3
Hauptbahnhof Berlin
3 - 2006

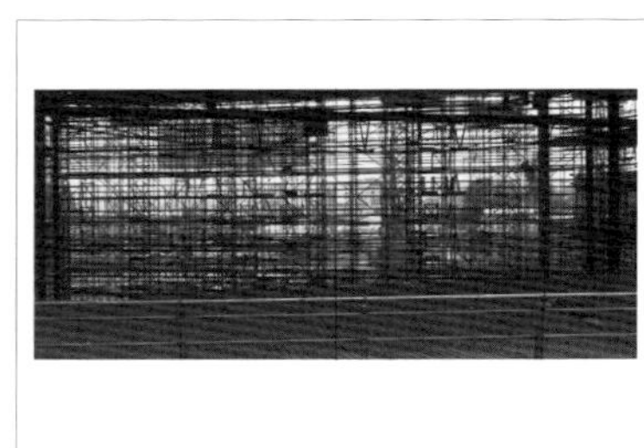

20|21
Gitter Nr. 1 / Grid Nr. 1
Hauptbahnhof Berlin
11-2005

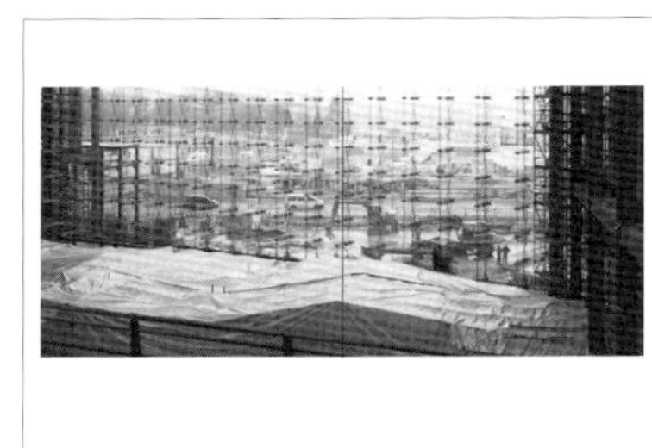

22|23
Gitter Nr. 2 / Grid Nr. 2
Hauptbahnhof Berlin
2-2006

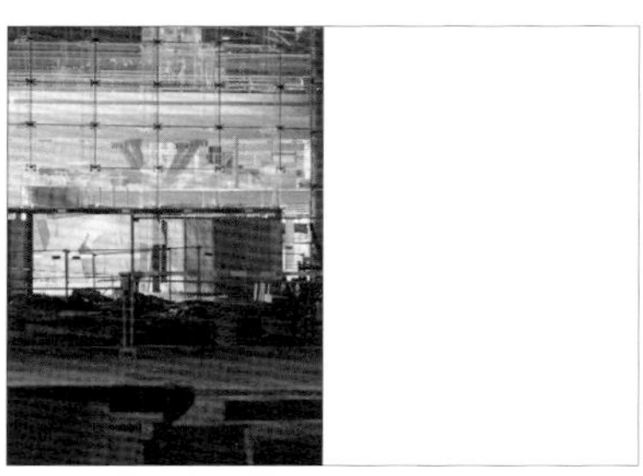

24|25
Nacht Nr. 2 / Night Nr. 2
Hauptbahnhof Berlin
3- 2006

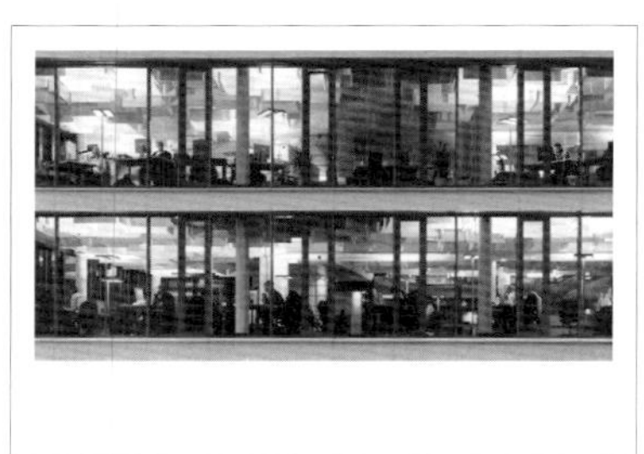

26|27
Call Center
Berlin, Wilhelmstraße
1-2007

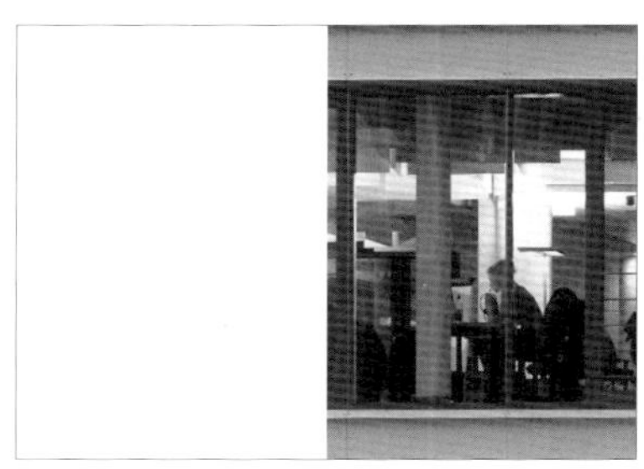

28|29
Call Center, Detail 1
Berlin, Wilhelmstraße
1-2007

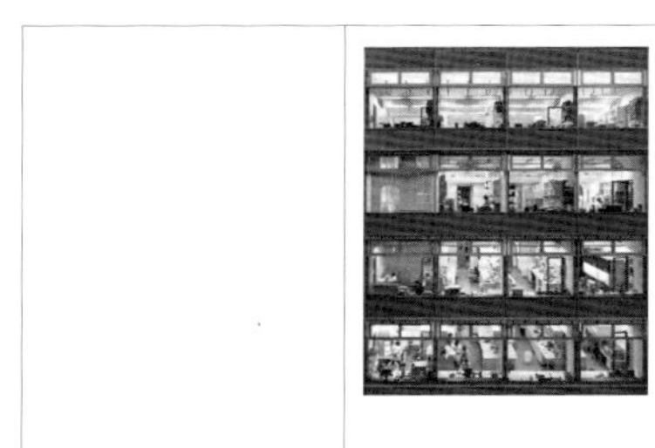

30|31
Labor Nr. 4 / Laboratory Nr. 4
Max-Planck-Institut für Infektions-biologie, Berlin
3-2007

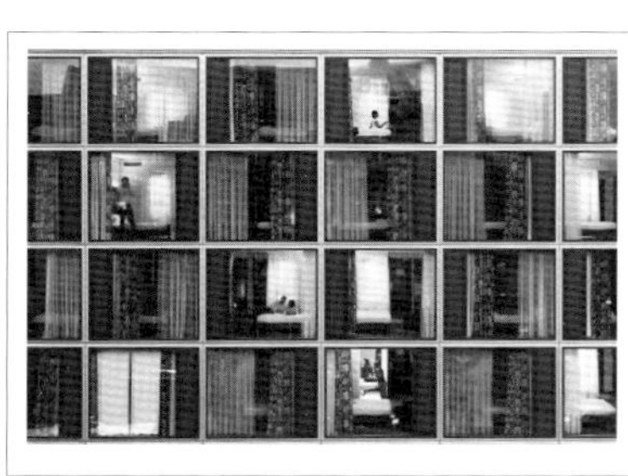

32|33
Hotel
Berlin, Oranienburger Straße
11-2006

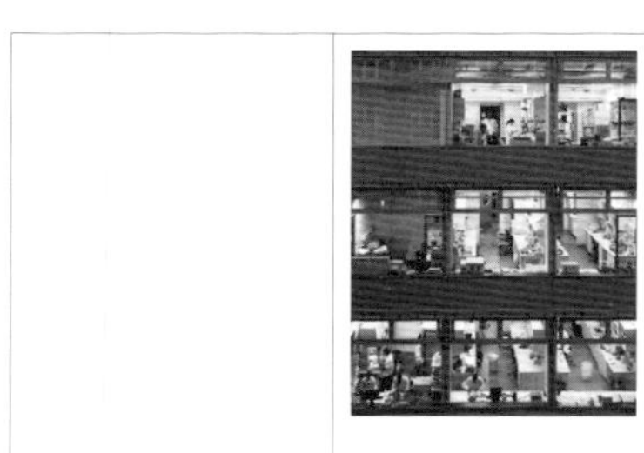

34|35
Labor Nr. 5 / Laboratory Nr. 5
Max-Planck-Institut für Infektions-biologie, Berlin
3-2007

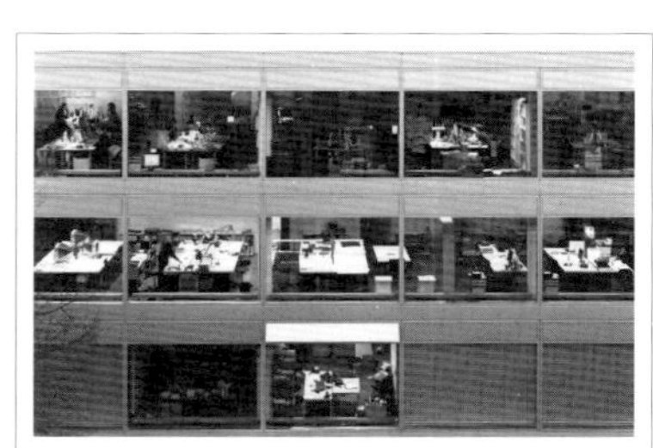

36|37
Büro Nr. 2 / Office Nr. 2
Berlin, Oranienburger Straße
3-2007

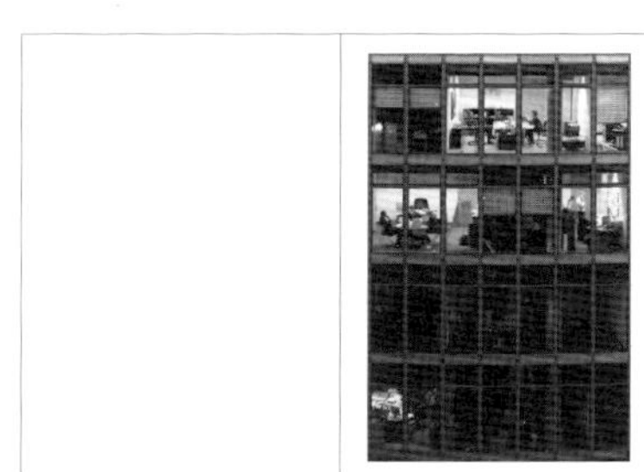

38|39
Verwaltung V / Administration V
Berlin, Potsdamer Platz
1-2007

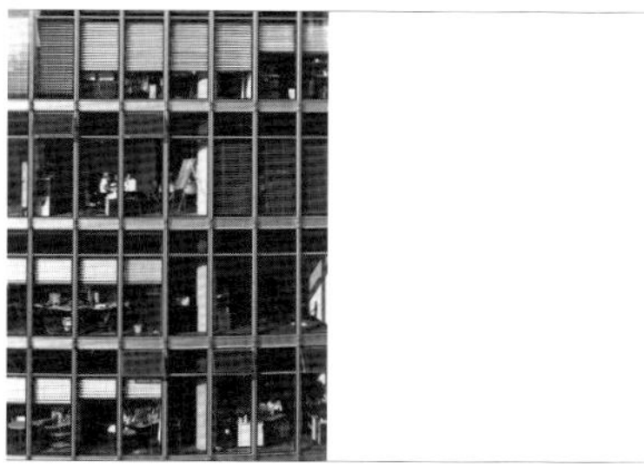

40 | 41
Verwaltung IV / Administration IV
Berlin, Potsdamer Platz
10 – 2006

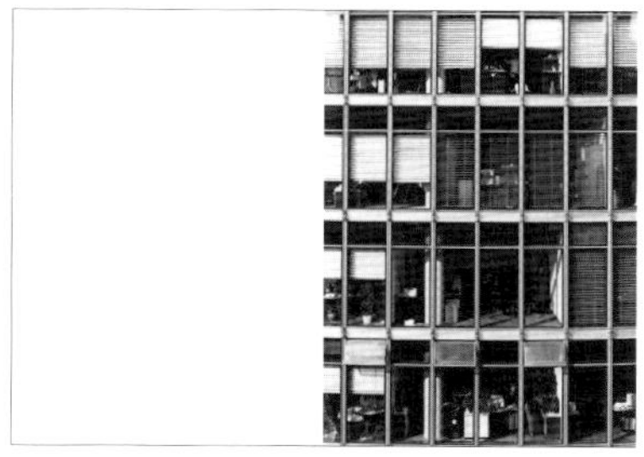

56 | 57
Verwaltung II / Administration II
Berlin, Potsdamer Platz
9 – 2006

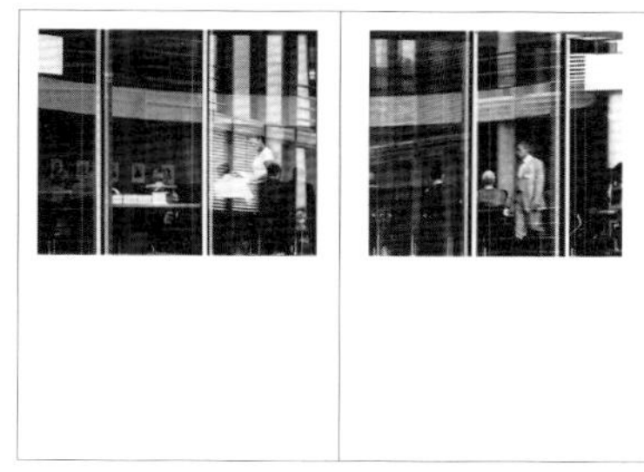

58 | 59
Sitzung / Meeting
Diptychon I, Diptych I
Berlin, Paul-Löbe-Haus
28. 6. 2006

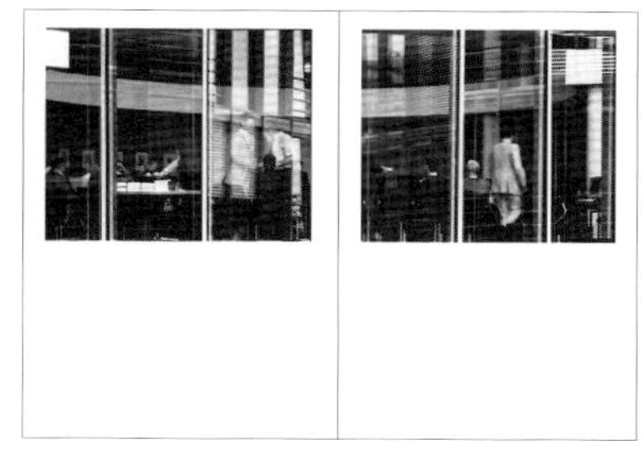

60 | 61
Sitzung / Meeting
Diptychon II, Diptych II
Berlin, Paul-Löbe-Haus
28. 6. 2006

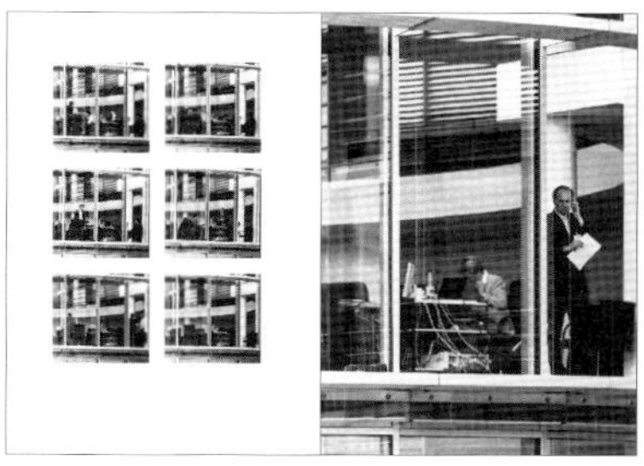

62 | 63
Sitzung / Meeting
Berlin, Paul-Löbe-Haus
28. 6. 2006

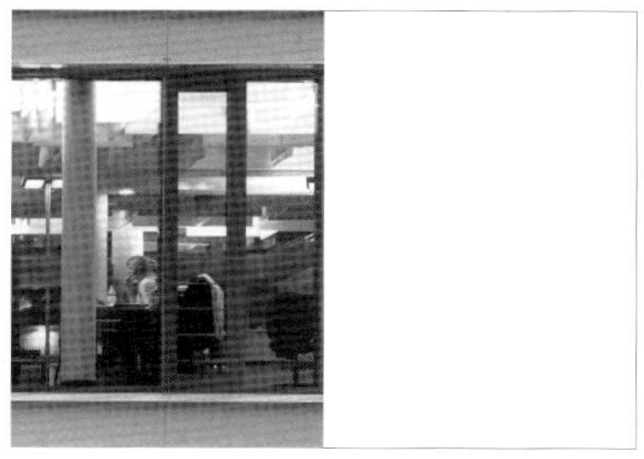

64 | 65
Call Center, Detail 2
Berlin, Wilhelmstraße
1 – 2007

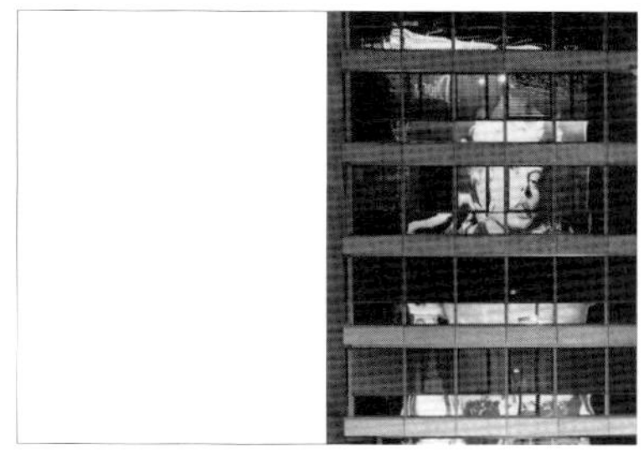

66 | 67
Charlize, gespiegelt / Charlize mirrored
Berlin, Ernst-Reuter-Platz
5 – 2006

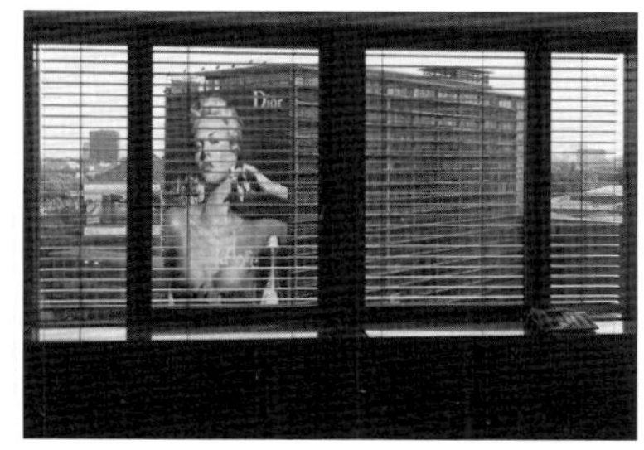

68 | 69
Charlize
Berlin, Ernst-Reuter-Platz
5 – 2006

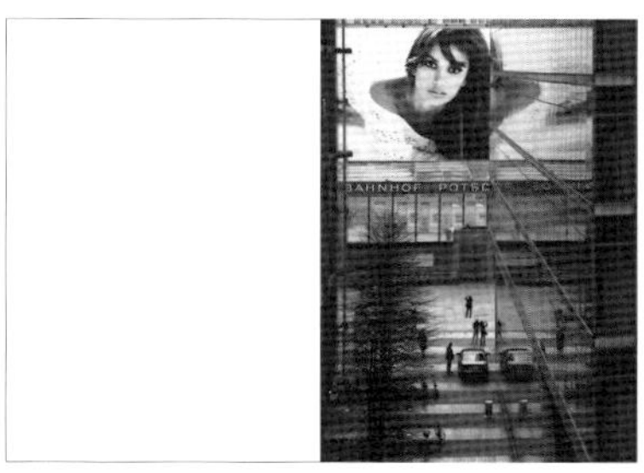

70 | 71
Penélope
Berlin, Potsdamer Platz
8 – 2008

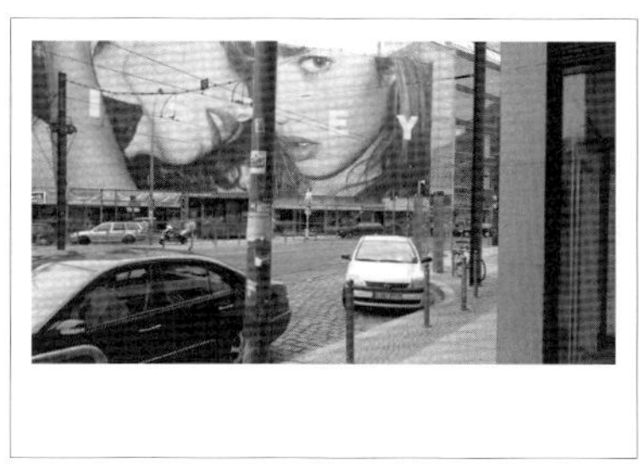

72 | 73
Sisley I
Berlin, Hackescher Markt
3 – 2004

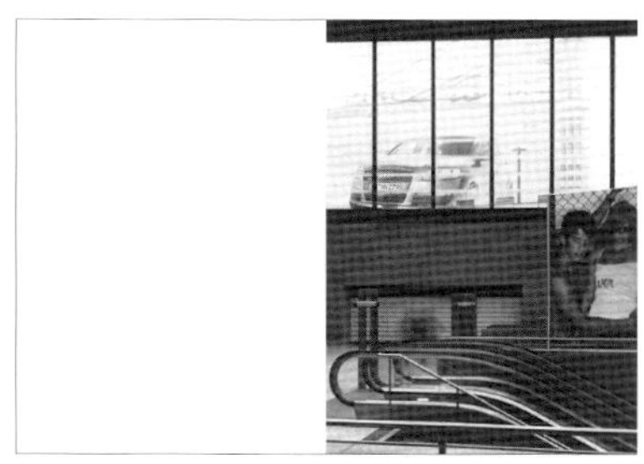

74 | 75
Quattro
Berlin, Potsdamer Platz
4 – 2006

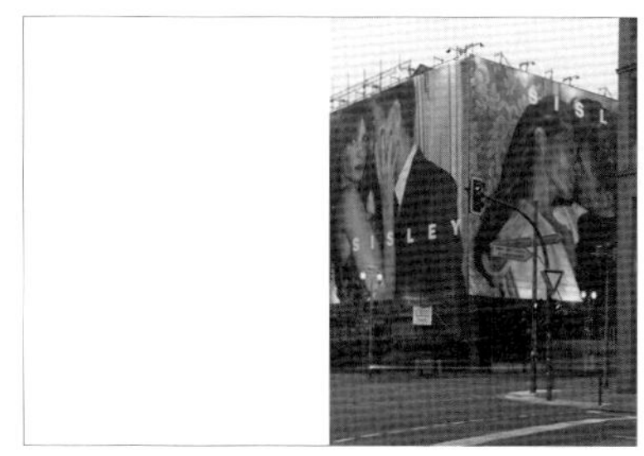

76 | 77
Blickkontakt / Eye contact
Berlin, Friedrichstraße
9 – 2007

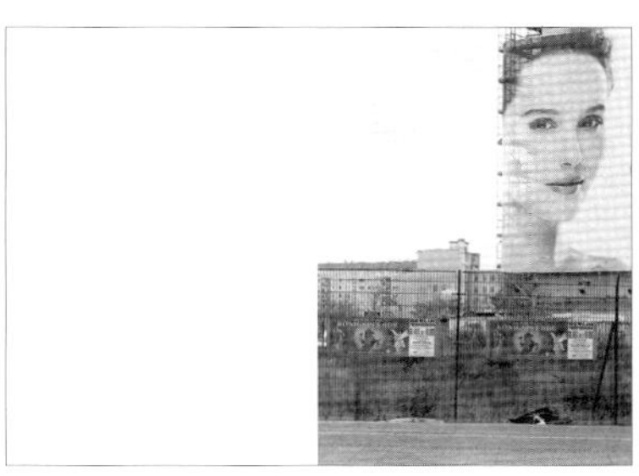

78 | 79
Virginie
Berlin, Leipziger Platz
11 – 2002

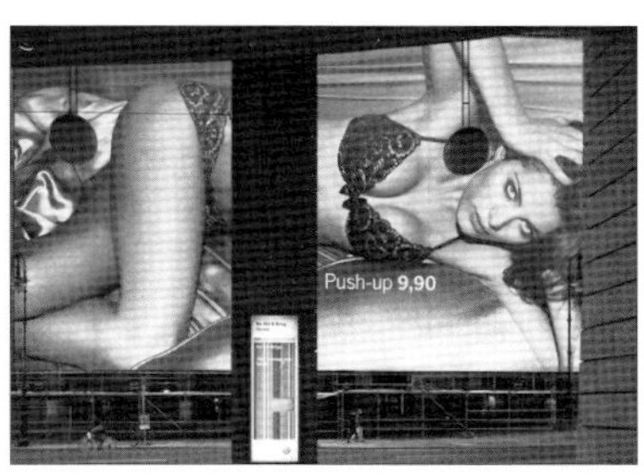

80 | 81
Push-up
Berlin, Friedrichstraße
12 – 2007

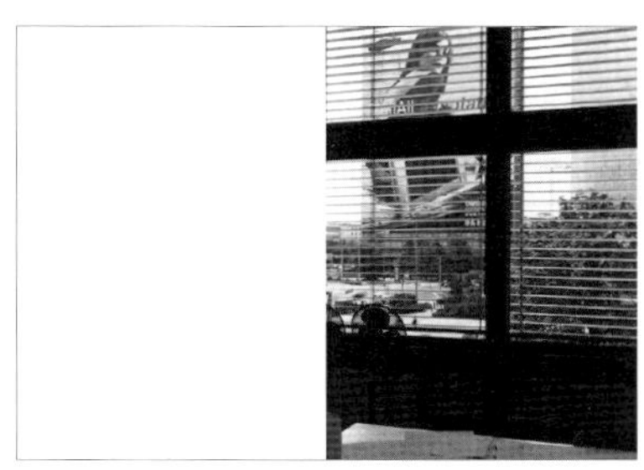

82 | 83
Temptation I
Berlin, Ernst-Reuter-Platz
8 – 2003

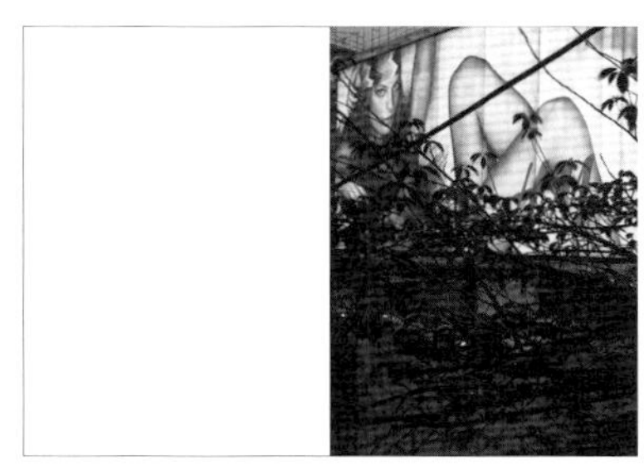

84 | 85
Paradies / Paradise
Berlin, Weinmeisterstraße
6 – 2008

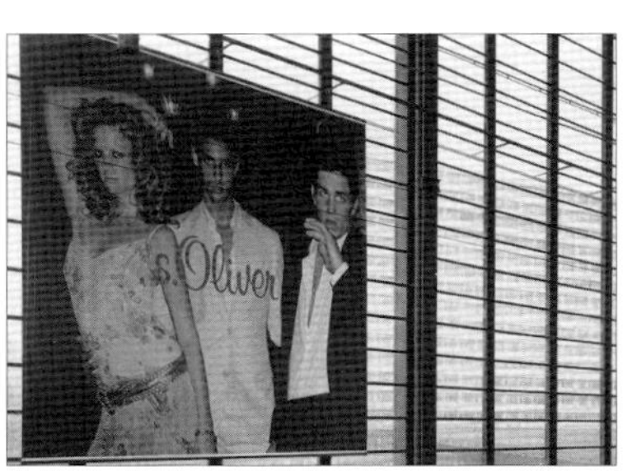

86 | 87
Dreieck / Triangle
Berlin, Bahnhof Zoo
4 – 2006

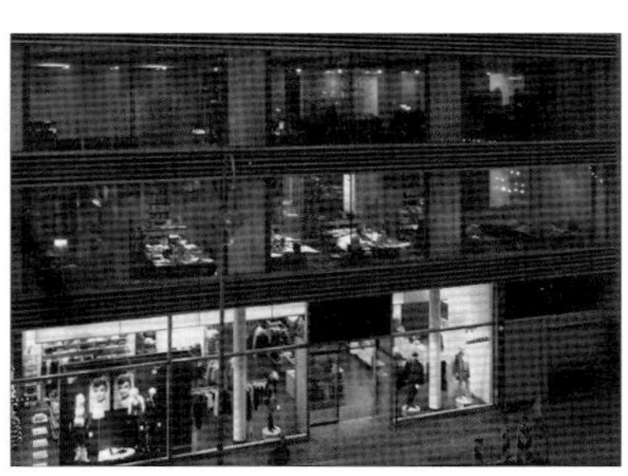

88 | 89
Büro Nr. 4 / Office Nr. 4
Berlin, Hackescher Markt
10 – 2006

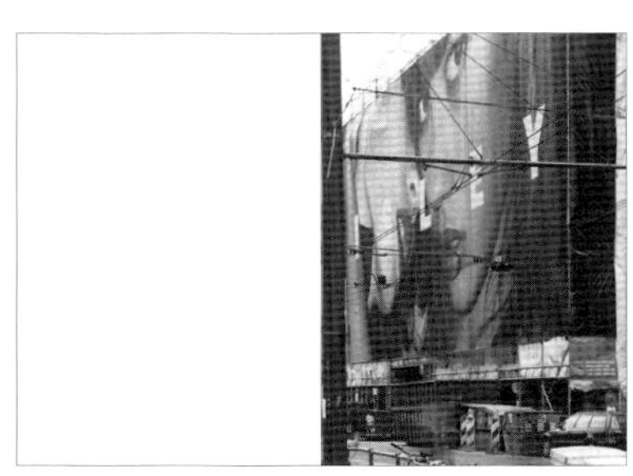

90 | 91
Sisley II
Berlin, Hackescher Markt
3 – 2004

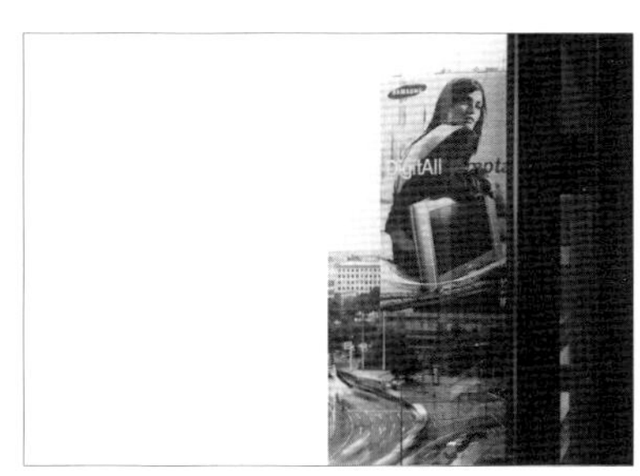

92 | 93
Temptation II
Berlin, Ernst-Reuter-Platz
8 – 2003

DANK an alle, die mir bei diesem Projekt geholfen haben, mich ermutigt und beraten haben und natürlich an alle, die mir zum Fotografieren ihre Wohnungen und Büros geöffnet haben.

THANKS to all the people who have given me help, advice and encouragement and who opened their offices and apartments for me.

Kaya Behkalam, Rotraud Biem, Claudia Bochmann, Ludger Derenthal, Christian Donle, Coletta Ehrmann, Sabine Englich (Max-Planck-Institut für Infektionsbiologie), Uta Fischer, Wiebke Freiesleben, Kattrin Freese, Volker Görg (Mitglied des Deutschen Bundestags), Jens Gmiat (Arcotel Velvet), Bodo, Sonja und Sarah von Hodenberg, Christoph Holzki, Joachim Kleine Allekotte Architekten, Lukas Kircher und Rainer Burckhardt (KircherBurckhardt), Sabine Krischan, Andrea Matthias (Viva Models), Martin Mlecko, Loredana Nemes, Claus Neumann, Dominik von Oppen, Eduard Oswald (Mitglied des Deutschen Bundestags), Hans Pieler, Isabelle von Plate, Thomas Ramge, Christa Schahbaz (Deutsche Kinemathek), Petra Starke (Deutsches Rheumaforschungszentrum), Andreas Trogisch, Lisa Tümann, Simon Thun, Hannes Wanderer, Thomas Wildberger.

Mein besonderer Dank gilt Roland Schimmelpfennig, der mir bereitwillig seine Texte zur Verfügung gestellt hat und Bettina Walther vom S. Fischer Verlag, die den Abdruck genehmigt hat – und nicht zuletzt meinen Verlegern Axel Menges und Dorothea Duwe.

Special thanks to Roland Schimmelpfennig and Bettina Walther of S. Fischer Verlag who generously gave me the permission to print Roland's texts and last not least to my publishers Axel Menges and Dorothea Duwe.

Edition Axel Menges, Stuttgart / London

ISBN 978-3-936681-41-3

Reproduktionen Reproductions
Satzinform, Berlin

Druck Printing
Graspo, Zlín, Tschechische Republik
Czech Republic

Übersetzung Translation
Melanie Dreyer

Gestaltung Design
Stefan Koppelkamm

www.axelmenges.de

STEFAN KOPPELKAMM studierte Grafik-Design an der Kunsthochschule Kassel. Er lebt in Berlin und arbeitet als Grafiker, Ausstellungsgestalter und Fotograf. Seit 1993 lehrt er Visuelle Kommunikation an der Kunsthochschule Berlin-Weißensee. Von ihm stammen die Bücher *Gewächshäuser und Wintergärten im 19. Jahrhundert* (Stuttgart, 1981), *Der imaginäre Orient. Exotische Bauten des 18. und 19. Jahrhunderts in Europa,* Berlin 1987 und *Ortszeit Local Time* (Stuttgart / London, 2005). www.kkmm.de

STEFAN KOPPELKAMM studied graphic design at the Kunsthochschule Kassel. He lives in Berlin and works as a graphic artist, exhibition designer and photographer. He has taught Visual Communication at the Kunsthochschule Berlin-Weißensee since 1993. His books include *Glasshouses and Wintergardens of the Nineteenth Century* (London / New York,1981) *Der imaginäre Orient. Exotische Bauten des 18. und 19. Jahrhunderts in Europa* (Berlin 1987) and *Ortszeit Local Time* (Stuttgart / London, 2005). www.kkmm.de

ROLAND SCHIMMELPFENNIG wurde 1967 in Göttingen geboren und arbeitete nach dem Abitur als Journalist in Istanbul. 1990 begann er ein Regiestudium an der Otto-Falckenberg-Schule in München. Nach dem Abschluß wurde er Regieassistent und später Mitarbeiter der künstlerischen Leitung an den Münchner Kammerspielen. Er arbeitete danach an der Berliner Schaubühne, dem Wiener Burgtheater und dem Deutschen Theater in Berlin. Schimmelpfennig ist der meistgespielte deutsche Dramatiker der Gegenwart.

ROLAND SCHIMMELPFENNIG was born at Göttingen in 1967. He first worked as a freelance journalist in Istanbul before starting to study as a theatre director in Munich's Otto Falkenberg School in 1990. After completing this course he became an assistant director and later a member of the artistic team at Munich's Kammerspiele. Roland Schimmelpfennig was then engaged as dramaturg and author at the Berlin Schaubühne, the Burgtheater in Vienna and the Deutsches Theater in Berlin. Schimmelpfennig is one of the most prolific german dramatists.